Takamasa Yosizaka
Japan Pavilion
La Biennale di Venezia

吉阪隆正+U研究室
ヴェネチア・ビエンナーレ日本館

構成 齊藤 祐子
写真 北田 英治

Edited by Yuko Saito
Photographed by Eiji Kitada

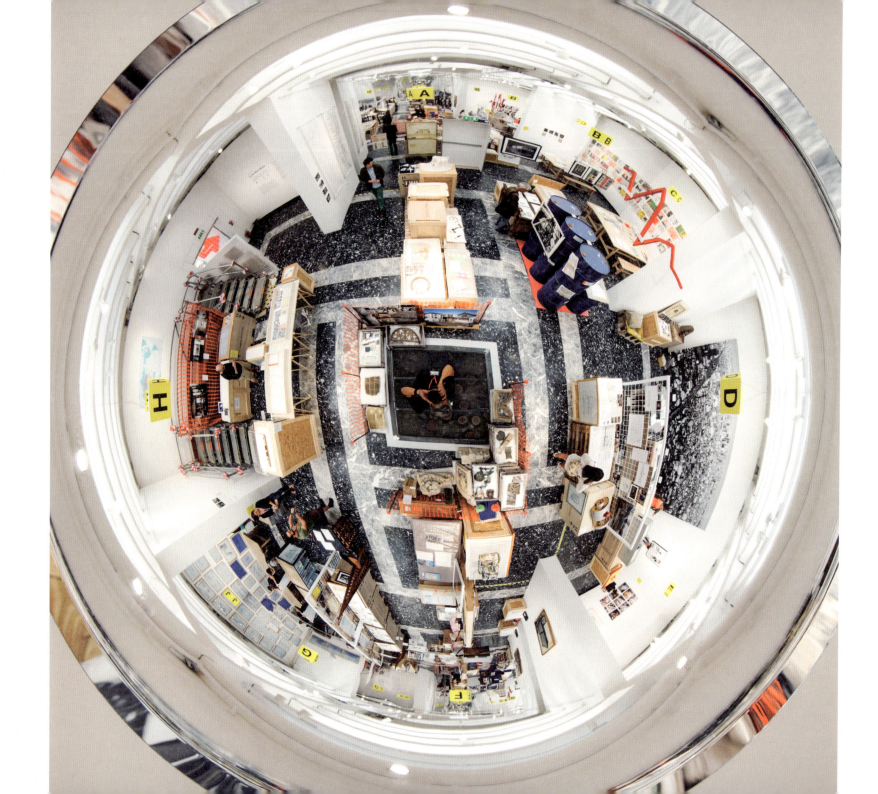

はじめに

　ヴェネチア・ビエンナーレは、ヴェネチア（イタリア）にて1895年から開催されている国際美術展覧会であり、現在は、隔年で国際美術展と国際建築展が開催されています。

　《ヴェネチア・ビエンナーレ日本館》は1954年に日本館建設準備委員会を組織し、石橋正二郎（株式会社ブリヂストンの創業者）がその経費の大半をまかなうことによって、吉阪隆正＋U研究室の設計により1956年に完成しました。以後同ビエンナーレにおける日本代表作家の展示場として活用され、1976年以降は国際交流基金が展示の運営を担っています。2014年には、伊東豊雄（伊東豊雄建築設計事務所＋ZITOMORI）による竣工後初の本格的な改修工事を終えました。

　吉阪隆正は、その少年期をポール・オトレが世界文化センター《ムンダネウム》構想の設立地としたジュネーヴのジュネーブ・エコール・アンテルナショナルの自由な校風のなかで過ごしました。1928年、ポール・オトレは、ル・コルビュジエに《ムンダネウム》の設計を依頼し、その構想の過程から「無限成長美術館」というプロトタイプが生まれました。国内では、1951年に坂倉準三により《神奈川県立美術館鎌倉》が完成し、ル・コルビュジエの設計による《国立西洋美術館》は前川國男、坂倉準三、吉阪隆正が実施設計を行い1959年に完成しました。これら三つの建物には、ピロティ、中央の空間を囲む回廊性といった「無限成長美術館」のもつ共通点があります。

　本書では、《ヴェネチア・ビエンナーレ日本館》成立、設計、改修の過程をたどっていきます。

Echelle-1

Introduction

The Venice Biennale has hosted biannual art exhibitions since 1895. Currently, art exhibitions are held on odd-numbered years, while architecture exhibitions are held on even-numbered years.

In 1954, the construction of the Japan Pavilion for the Venice Biennale was made possible due to a generous donation from Shōjirō Ishibashi (founder of the Bridgestone Corporation) to the Preparatory Committee for the Construction of the Japan Pavilion. The pavilion, designed by Takamasa Yosizaka + Atelier U, was completed in 1956, and was used as an exhibition space for Japanese artists for the Biennale. The facility has been under the control of the Japan Foundation since 1976, and in 2014, the first major renovation took place under the direction of Toyo Ito (Toyo Ito & Associates, Architects + ZITOMORI).

Takamasa Yosizaka spent much of his youth at the Ecole Internationale de Geneve, which was the site of Le Corbusier's International Cultural Center (Mundaneum) commissioned by Paul Otlet in 1928. That project was the foundation of the idea and philosophy of Le Corbusier's architectural concept of a "Museum of Unlimited Growth," which was characterized by the use of pilotis and a passageway that circulates around a central hall. This prototype influenced his subsequent projects, as well as those of many who followed his teachings. Yosizaka was among those architects, and he would go on to realize this idea in his 1956 Japan Pavilion. In 1951, his compatriot Junzo Sakakura built The Museum of Modern Art, Kamakura using a similar concept. Le Corbusier's The National Museum of Modern Art, Tokyo, which was completed by his apprentices, Mayekawa, Sakakura, and Yosizaka, also follows this idea of the "Museum of Unlimited Growth."

This publication looks into the inception, design, and the renovation of the Japan Pavilion for the Venice Biennale in its entirety.

Echelle-1

目次

03　はじめに

16　Promenade
　　写真　北田英治

19　私の歩み
　　石橋正二郎

22　ヴェネチア・ビエンナーレ日本館
　　吉阪隆正＋U研究室

46　不在の教え―私の吉阪講義録
　　鈴木　恂

50　ヴェネチア・ビエンナーレ日本館の60年と改修工事
　　インタビュー　伊東豊雄

59　吉阪隆正　建築家の出発点
　　齊藤祐子

62　ヴェネチア・ビエンナーレ国際建築展、美術展　日本館実績　年譜

凡例

図面名称
縮尺｜形状｜作成年月日｜製図者　＊サインなし｜
素材・技法｜大きさ[mm、縦×横]
所蔵者　図面は全て、文化庁国立近現代建築資料館所蔵

P22 〜 P41　初出「建築学大系39」1959年、1970年改訂　彰国社

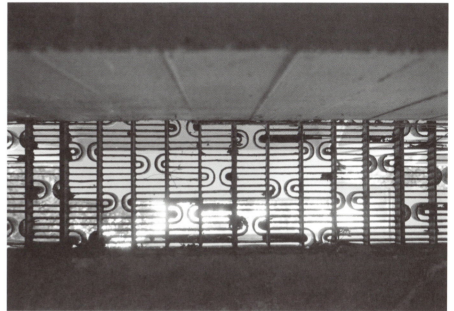

Promenade

01	会場アプローチ道路から、北東外観　1997年5月
02	展示室内部 *　2014年8月
04	ヴェネチア本島、右下の緑の森がビエンナーレ会場ジャルディーニ
06	サン・マルコ広場の大理石モザイク *
07	日本館の外壁に映る光と影、1956年開館時の白い壁は、「土蔵の気分を出す」と吉阪が記した、大理石の粉を入れたマルモリーノ焼ごて仕上げであった *
08	緑の森ジャルディーニ、左に日本館 *
09	アプローチから見る外観
10左上	彫刻展示室、ピロティの真中に置かれているのは、取り外された展示室の中心にあった大理石の手摺
10左下	レンガの彫刻展示台
10右	ピロティから庭園への階段を見る、右には石橋記念標
11	ピロティを抜けて、回遊性のある庭園から展示室入口へ
12	展示室へと架かる橋
13左	入口のひさしを支える屋上への階段
13右上	扉はチンザノの赤
13右下	流水文様の入口グレーチングを見上げる
14	2014年国際建築展「In the Real World: 現実のはなし〜日本建築の倉から〜」展示会場 *
15	同展示の日本館外観 *

*　2014年8月　撮影
なし　1997年5月　撮影

1956年6月　開館時の展示室、代表は石橋正二郎、富永惣一、伊原宇三郎、出品作家は須田国太郎、脇田和、植木茂、棟方志功、山口長男、山本豊市

彫刻展示室として提案したピロティ

日本館の竣工　1956年6月
出典：石橋正二郎の自著『私の歩み』

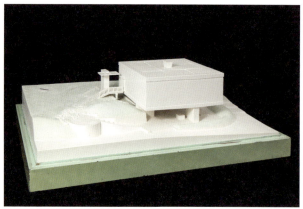

模型　石橋正二郎資料館 所蔵

向かって右より、摩寿意善郎氏、今泉氏、伊原氏、富永氏、矢代幸雄氏、石橋氏、石橋夫人、矢代夫人、吉阪夫人、吉阪隆正氏、大竹十一氏、駐伊日本大使館書記官金庫氏

出典：石橋正二郎の自著『私の歩み』

『私の歩み』

石橋正二郎

ヴェニス・ビエンナーレ日本館寄付

　国際美術展の王座として、19世紀末(1895年)以来イタリーのヴェニス市で隔年開催されているヴェニス・ビエンナーレに対して、わが国では1952年の第26回展より参加し、日本美術を展示してきているが、イタリー当局においては、他の各国と同様日本にも日本館建設を慫慂し、これに必要な敷地を特に保有する好意を示して、1956年夏のビエンナーレ展までにはぜひ実現されたい旨駐伊日本大使館を通じ再三申し入れがあった。

　元来ビエンナーレは、世界各国の美術の精華を競う晴れの舞台で、文化の伝統久しきイタリーが風光明媚なヴェニス市の公園を会場用に提供して世界美術館の注目を引いており、参加国のうち二十数ヵ国はいずれも自国の一流建築家による個有のパビヨンを有し、自国の文化宣伝に努力している実情なので、古来美術国として優秀な日本美術を世界に宣揚する日本館をもつ日が一刻も早く実現するよう識者の一致して要望するところであった。

　わが国としては、外務、文部両相をはじめ、国際文化振興会、国立博物館、国立近代美術館、神奈川県近代美術館、日本美術家連盟、文化懇話会などの代表者を網羅してヴェニス・ビエンナーレ日本館建設準備会が設置され、会長には岡部長景氏が就任された。

　一方ビエンナーレ当局からは、日本のために保留している土地はパビヨン建設に適する唯一の地区であって、日本以外の数ヵ国から申しこみに接しており、万一日本が明年の展覧会までに建設の見込みなき場合は、その敷地を第三国に割愛するのやむなきに至るであろう、と日本側の最終的決定をうながしてきた。

　そこで数次の会合において審議を重ねるとともに、ビエンナーレ当局に対しては外務省を通じて日本側の建設の熱望をつたえ、引続き留保方を依頼した。

　他方、外務省年度予算として建設費を計上し、強く大蔵省と折衝を重ねたがつい

に認められなかったので、今回の機を失すれば将来日本館建設は望まれず、絶好の日本文化宣伝の足場を失うこととなるので民間の寄付によるほかはない、ということで、藤山愛一郎氏から私に相談があり、また重光外務大臣は私を丸ノ内ホテルに招き懇談されたので私はその要望に応ずることとし、1955年10月12日、正式に決定した。

　パビヨンの建築設計については、建築家および美術評論家の代表者によって委員会が組織され、設計者には早稲田大学の吉阪隆正氏が選任され、同氏はただちに現地に出張して環境にふさわしくまたわが国独特の美的伝統を活かすよう構想をねった上設計図を提出したのを、委員会において数回審議の上決定された。また工事は電報によって請負わせ、建築費は2,100万円を要し、1956年春竣工した。

　私は1956年5月28日に羽田を発ち、バンコック、ベイルート、カイロ、アテネ、ローマ、フローレンスを経て6月10日ヴェニス到着、11日いよいよ開館日を迎え、朝早く宿舎のダニエル・ホテルよりモーターボートにてヴェニス公園に向った。新装成れる日本館は堂々とした建築でその大壁には日の丸の国旗が翩翻として輝き、世界各国の美術館の建ちならぶ中でも他を圧するように異彩を放っているのを見て何ともいえぬ嬉しさを感じた。

　おなじく日本側代表委員の一人として出席された伊原宇三郎画伯の日本美術家連盟宛報告書の中には、

　「今度新築された日本のパヴィヨンはまったくすばらしいものである。まず公園の中のビエンナーレの会場に入り、右方への大通りを行くと右手前からスイス、ヴェネズエラ、ソ連、日本、ドイツと各国のパヴィヨンがならび、つき当りにイギリス、その左にフランスとチェコのものがある。スイス、ヴェネズエラ、ソ連の各館共にきわめて平凡、すこし歩いて坂を上りかかる所に日本館の毅然とそびえたのが見えてくる。下から見上げ気味で、四角い白亜の大きい壁がすごい重量感でソ連館の上にのりかかったようで、その玄関はまるで玩具のように見える。下から見上げてほんとにほれぼれとした。校倉式の階下も効果的である。やがて半円形の坂を

展示室にて石橋正二郎氏、絵画は山口長男作 1956年

グロンキ大統領を迎える、金倉参事官、伊原宇三郎、富永惣一、吉阪隆正、冨久夫人

のぼって入口にかかる。内部はまたその立派さ、見事さにうたれた。いあわせた吉阪さんの手をとって、ほんとにいいものを建ててくれたと感謝したわけである」と書いておられる。

午前11時開館式には太田大使夫妻、矢代幸雄氏夫妻や富永惣一氏、今泉篤男氏等日本側委員参列の下に私がテープを切り、ビエンナーレ会長アレッシ氏は、

「……この美しい特徴ゆたかな建物は吉阪隆正氏の建設になり、これを実現可能にしたのは石橋正二郎氏の惜しみなき御寄付によるもので、私はこのビエンナーレ美術の小さな町にようこそと歓迎いたします。過去においてつねに日本美術の動向、運動を進んで紹介して参りましたビエンナーレは、今また日伊両国間の友情をいよいよ高め、文化交流を可能にするこの新日本館を得て喜びにたえません」

と祝辞をのべられた。

日本館にはこのほか事務総長パルツキニ氏などの名士、各国新聞記者など500余名の集まりで雑踏をきわめ、日本館の建物は想像以上のものとして好評をはくし、世界各国に報道されわが国文化のために喜びであった。

伊原さんの報告には、「事務総長パルツキニ氏は、かねて建てろ、建てろといってもなかなか建たない。それが今度やっと建てるということになったから、多分小さな木造ぐらいだろうと思っていたらこんな立派な鉄筋コンクリートのものを建てたので非常におどろいた。このことは日本の文化水準がいかに高いか、政治的、経済的な底力、実力がいかに豊富であるかを示すものだ、とほめてくれた。この言葉はたんなるお世辞とは思われず、同氏からも他の人からも、いくども聞かされたし、参観者からも立派なものを建てたね、とくりかえし讃辞をきかされたことである」

「建築に対する讃辞が単にお世辞でないことの例に、一つのエピソードとして、ある日立派な奥さんが私のところへ来て、イタリア人として、こんな立派なものを建てて下すったことについて御挨拶を申上げたいから、石橋夫人にとりついでくれといわれたことがある」と書いてある。

数日後にはイタリア大統領が来館され、光栄であった。なおそのときのことを伊原さんは、「大統領が各館を廻っておられる間、文部大臣のロッシさんは途中の各館をぬきにしていきなり日本館に見えて（中略）日本の勇気をたたえ、パヴィヨンの試み、今度の出品作の問題、いかに日本が熱意をもって芸術なり何なりの本質にむかってとびこもうとしているかがまざまざと見える、というありがたい解釈の話も出た」と書いている。

出品作品は棟方志功氏の板画がグランプリ賞をもらった。

翌12日午後8時、ダニエル・ホテル大食堂にて開催した晩餐会には、アレッシ会長夫妻、ヴェニス州知事夫妻、ヴェニス市長夫妻、事務総長夫妻を招待し、日本側は太田大使夫妻、矢代幸雄氏夫妻、吉阪隆正氏、富永惣一氏、今泉篤男氏、長谷川路可氏など32名の出席で、私の挨拶に対し、アレッシ会長から懇篤な謝辞をのべられ、日伊両国の友好親善に大いに寄与したと思う。

9時、食事後映画館に招待されたとき、われわれは観客全部起立し拍手をもって迎えられ、ピカソの映画を見た。このように市民こぞってサービスの行きとどくのには深く感心した。

1961年10月、イタリア国政府から日伊文化交流に対する貢献者として私にグランデ・ウフィッチアーレ・デロルディネ・アル・メリト・デラ・レプブリカ・イタリアーナ勲章を授与される光栄に浴した。

出典：石橋正二郎の自著『私の歩み』（1963年10月刊行）
写真2点はアルキテクト提供

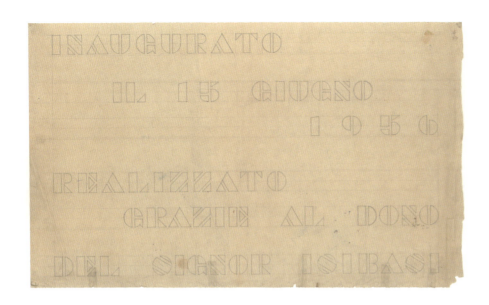

石橋記念標　詳細図
Full-Scale Drawing of Commemorative Plaque for Shōjirō Ishibashi

1:1 ｜ 原図 ｜ 1956年頃 ｜ 大竹十一* ｜ トレーシングペーパー、鉛筆 ｜ 386×647

石橋記念標
　石橋正二郎氏の寄付によって、この日本館の実現は急速にまとまったのである。これだけのことをした方に、光のある記念標を作りたいと考えた。光、光といっているうちに、透し彫りに思い当たった。
（吉阪隆正）

Commemorative Plaque for Ishibashi
Thanks to donations from Shōjirō Ishibashi, the Japan Pavilion quickly became a reality. It then occurred to me that I should create a commemorative plaque incorporating light to honor the contribution of Mr. Ishibashi. As I was musing over the concept of light, the idea of fretwork came to me.
(Takamasa Yosizaka)

ヴェネチア・ビエンナーレ日本館

吉阪隆正＋U研究室

日本館建設準備委員会

日本美術家連盟	委員長	伊原宇三郎	日伊協会	常務理事	摩寿意善郎 常任委員
	常任委員	益田 義信 常任委員	文部省	社会教育局芸術課長	宇野 俊郎
	常任委員	阿部 展也		調査局国際文化課長	柴田小三郎
	事務局長	和田 新 常任委員		神奈川近代美術館 館長	村田 良策
美術評論家連盟	鎌倉近代美術館次長 土方 定一		文化懇和会	代表	司 忠
	学習院大学教授 富永 惣一 常任委員		外務省	情報文化局第三課長	蓮見 幸雄
国立博物館	国立博物館次長	田内 静三	募金小委員会		
	美術課長	野間 静六		委員長	団伊能
国立近代美術館	館長兼KBS会長	岡部 長景 委員長		美術家連盟	伊原、益田、阿部、和田
	次長	今泉 篤男 常任委員		美術評論家連盟	富永、今泉、土方
	事業課長	河北 倫明		建築家関係	大江宏、吉阪隆正、久良知丑二郎、竹中宏平
KBS（国際文化振興会）	KBS常任理事	井上庚二郎 事務総長	KBS		平野亥一

施主と研究室

施主

　ヴェニスのビエンナーレ展への日本参加はずいぶん古いところまでさかのぼる。しかし、そのいずれもイタリア館の1室を間借りした形で行なわれてきたので、なんとか自分たちの自由になる館を、他の国々と同じように持ちたいという考えになってきた。日本美術家連盟、美術評論家連盟の人々は特にこの要求が強かった。

　資金もつくらなければならない。相手国のイタリアの許しや援助も必要だ。国内の盛上がりも……等々ということから、委員会をつくること、事務局にはKBS（国際文化振興会）に当たってもらうことと順次曲折しながら進んでいった。

　実現したいがまだどうなるかわからないときのお手伝い（そのころのこちらの立場は設計者ではなく委員側の1人という形で建築的なイメージを作ることであった。現に設計者は最後まで決まっていなかった）から始まって、外務省予算、石橋氏の寄付が決まって、はじめの委員会からやっと通常のような設計依頼者として指名される運びとなったのである。募金委員会と並行して建築委員会ができて、ここでも設計者の選択が論議されたし、提出案の批判が行なわれた。

研究室

　この文章は、ヴェニスの仕事をしていたときから4年以上もたった今日（註：1959年）書いているので、当時のことを書くのはむずかしい。この4年間にすっかり条件がかわってしまったからである。いわば、研究室の創成期だった。いま考えてみると、ブワブワだった私たちの集まりは、このヴェニスの日本館の設計を母親の乳として、がむしゃらに吸って育ち、かたまっていったのではないかと思われる。私（吉阪）個人だけからすれば、何度この仕事、設計の仕事は私に適していないのではないかと反省したことであろう。そのたびに皆が一生懸命努力しているさまが、私を元気づけてくれた。ボスも分業もない集まりであった。

　しかし本当をいうと、この設計がもし、ものにならないようなら、私は設計をもうやるまいと覚悟していた。この辺の人間関係から、設計のすすめ方にもおのずからそれに適したような方法が模索された。

　悪くいえば経験や知識の不足している連中の集まりである。よくいえばすべてを本質や根源に遡って考えなおし、常識的な安易さに流されることをおそれているともいえる。

　とにかくここに集まった何人かは、自分が納得ゆくまでは、どんな立派な意見にも、また常識として通っていることでも、すぐには受け入れられないような人々なのだ。自分なりの納得のゆくことであれば、稚拙であってもむしろ満足する。これを洗錬された姿で表現するだけの力が自分たちにはまだないことをよく承知しているからである。

　このことは仲間同士でも同じで、ちょっとでも納得いかないときは大変な議論になる。ただしここに一つ掟を定めた。それは、相手の提案に対し不満である場合、それの批判はよいとして必ず反対提案を出すこと。反対提案のできるまでは相手の案に従うことである。図に示されたものは、非情なほどにその提案の良否を示してしまうことを皆知っているから。

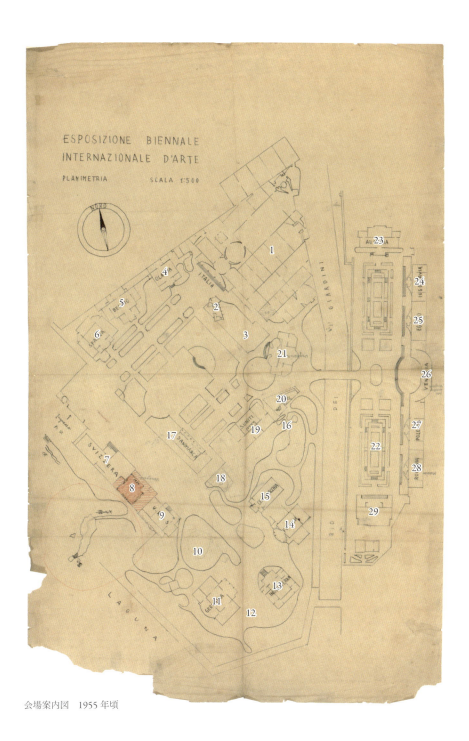

会場案内図　1955年頃

ヴェネチア古地図

設計の条件　Biennale Site Plan

1. イタリア　Italy
2. 売店（C・スカルパ）　Shop (C. Scarpa)1950年
3. フィンランド（A・アアルト）　Finland (A. Aalto)1956年
4. オランダ（G・リートフェルト）　Netherlands（G. Rietveld）
5. ベルギー　Belgium
6. スペイン　Spain
7. スイス　Switzerland
8. ベネゼーラ（C・スカルパ）　Venezuela（C. Scarpa）
9. ソビエト　U.S.S.R.
10. 日本館　Japan1956年
11. ドイツ　Germany
12. カナダ（BBPR）　Canada (BBPR)1956年
13. イギリス　England
14. フランス　France
15. チェコスロバキア　Czechoslovakia
16. ウルグアイ　Uruguay 1958年
17. デンマーク（C・ブラマー）　Denmark（C. Brummer）
18. スカンジナビア諸国（S・フェーエン）　The Nordic Countries (S. Fehn) 1962年
19. アメリカ　U.S.A.
20. イスラエル　Israel
21. ハンガリー　Hungary
22. ブラジル（N・マルケシーン）　Brazil（A. Marchesin）1964年
23. オーストリア（J・ホフマン）　Austria（J. Hoffmann）
24. ユーゴスラビア　Yugoslavia
25. アラブ連合　U.A.E. 2009年
26. ベネチア市　Venezia
27. ポーランド　Poland
28. ルーマニア　Romania
29. ギリシア　Greece

パビリオンリストは1984年制作

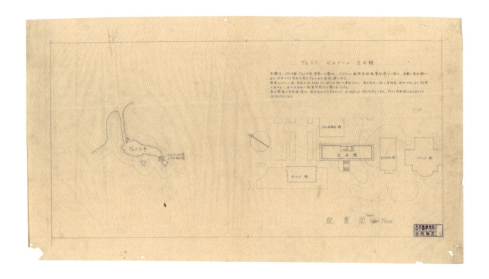
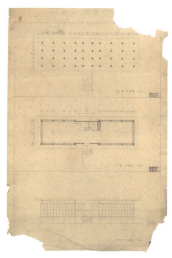

規模と建設予算を検討するために作成した検討案
1954年6月1日第2回委員会、簡単な設計図を依頼。1955年10月10日準備委員会を開き次の諸項を決定した。建設設計者、吉阪隆正。同協力者、大江宏氏、同顧問、佐藤武夫氏。（国際文化振興会事務日誌より）

配置図
Site Plan Drawing

1:500｜原図｜1954年7月20日｜-｜トレーシングペーパー、鉛筆、インク｜324×590

地上階平面図、主階平面図、南西側立面図
Ground Floor Plan, Principal Floor Plan, Southwest Elevation Drawings

1:100｜原図｜1954年7月20日｜-｜トレーシングペーパー、鉛筆、インク｜837×580

The Client and Our Design Lab

About the Client

Japan has had a long history of participation in the Venice Biennale. Installations, however, were limited to a single room of the Italian Pavilion. Eventually, a vision to build their own pavilion alongside those of other leading nations emerged. The appeal was particularly resolute among the members of the Japan Art Association and the International Association of Art Critics.

In response to the mounting obstacles that included approval and assistance from the host country of Italy, funding, and the need to raise interest within Japan, we decided to form a committee, and appointed KBS (Kokusai Bunka Shinkoukai, or "The Society for the Promotion of International Culture") to serve as the secretariat.

My involvement began in the premature stages of the project, where I served not as the architect, but as a member of the committee who was to create an architectural image. In fact, my official appointment as architect was made only when the project became realistic with a generous donation from Japanese businessman Shōjirō Ishibashi that bolstered the Japanese Ministry of Foreign Affairs budget.

In due time, an architectural committee was concurrently established alongside the fund-raising committee, but even with this level of organization, the choice of the architect was debated and the design proposal was criticized.

Our Design Lab

More than four years have passed (1959 at the time of writing this essay) since my work on the Venice project, thus it is difficult to recount the details; it seems so much has changed in these years. This project marked the formation of our lab. Our loose-knit network had come together during the design process as though we were voracious sucklings nurtured by the milk of the design of the Japan Pavilion. I repeatedly faltered to the point of questioning my suitability to the profession of architectural design, but each time, the sight of my colleagues working so intently encouraged me onward. Our lab had no hierarchy or divisions. But to tell the truth, I was resolved to give up architecture if nothing had come of this project. This determination affected the relationships within the lab and directed a design process unique to our team.

Our lab members lacked experience and information, but each of us had a habit of questioning each proposition, tracing it back to its essence or origin. We feared the comfort that comes from following accepted norms.

For whatever reason, several of us would not accept an opinion no matter how creditable or methodical it appeared. In other words, as long as the idea was coherent enough, we were at times content with crude expression. We knew that we still had not yet acquired the skills to express ideas in sophisticated form.

Such an attitude pervaded the discussions within the team, and we would have tremendous arguments, but there was one overarching rule: if one was dissatisfied with another member's proposal, the criticism had to be expressed in the form of a counterproposal; and until it was presented we all had to go with the initial proposal. We were aware that a plan expressed on paper revealed the essence of an idea more evidently than a verbal explanation.

敷地測量図及び樹木の配置図
Surveyed Site Plan with Tree Locations

1:200｜原図｜-｜-｜トレーシングペーパー、インク｜
383×399

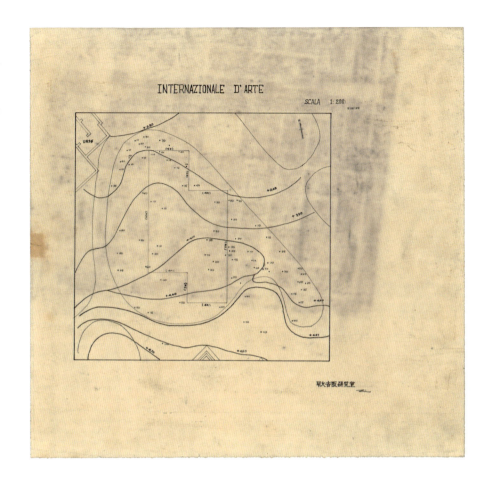

設計の過程

設計の鍵

　内容を形にするという設計の操作を分解してみると、第1に内容の把握があるが、これを形に翻訳する段に三つのシステムがある。一つは全体像としてのその三次元の幾何学的な形。一つは、内容の各単位の形。そして内容単位の組合せとしてその加減乗除。ところで、これはすべて寸法の問題に帰着できる。どこに、どんな寸法を与えるか、それがどうしたら調和したものになるか。そのためにいろいろな比例が提案されている。たとえば機械の方で標準規格を算定するもの、2の倍数をもとにした幅の広い数値を有するもの、その他大勢。モデュロールもその一つではないかという考えもある。

　私がモデュロールをとくに採用するのは、他の比例にくらべて、根底的な違い、出発点の違いを認めるからである。他の比例とよく似ていても、出発点の違いは結果においては、たいへん大きな違いが生じるからである。

　その違いとは、「人間が快く感じるためのものは何か」ということから出発しているからである。その上で他の系列と同じように美しい比例、豊富な組合せ、単純な関係等々の条件を満たすことを研究している。

　一定の比例に従った系列の数値を用いるということは、各部の寸法に常に相関関係を生じ、それが統一の感じを与え、また他人の手をかりて決定する場合にもあやまちを少なくし、便利である。モデュロールもこの意味では他の系列と同じ価値しかない。時には他の系列の方がよい場合もあろう。

　しかし問題は、快い形を生み出すことにある。人間の幸福を求める建築には、快いということは欠かしてはならない第1の条件だ。他の系列は、それを二義的にしかとり上げていない。だから私はモデュロールを採用する。したがって具合の悪いときはいつでも捨ててしまう。不協和音の方がよいこともあるから。

設計条件の整理

A：ビエンナーレ当局および現地の状況からのものとしては
　1. 今期は6月中旬〜9月中旬（隔年）で開期以外は閉鎖
　2. 樹木は径60cm以上は切ってはならないこと
　3. 給電・給水の設備なく、便所はもうける必要がないこと
　4. ヴェニスでは工費が本土の倍近くかかり、施工上では現場製作がのぞましい。また、人員の動員に不便があるなどイタリアでもかなりローカリティがつよいこと

B：日本館建設準備委員会からのものとしては
　1. 建坪60坪内外とし、予算は2,000万円程度のものとする
　2. 70mの絵画展示面と簡単な収納場所（梱包材）が必要

C：われわれの側からとして
　1. 敷地の高低を十二分に活用し、二、三の条件などから自然をできるだけ生かすように心がける
　2. ＜日本的＞ということに特にとらわれないようにする

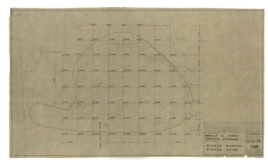

敷地実測図
Surveyed Plan Drawing

1：100｜原図｜1956年1月19日｜-｜トレーシングペーパー、鉛筆、インク｜424×741

敷地の測量

The Design Process

The Key to Designing
If one analyzes the process of design, there are three organizations employed by the architect in translating the program into form once it is fully grasped: the production of the overall image in three-dimensional geometrical form; the production of forms of the independent programmatic elements; and the mathematical operation of combining the elements into the whole. These organizations are consequently an issue of dimension: the issue of where, what measurements, and how an element fits into the design. To that end, a designer can choose from among various systems of proportion, such as mechanically calculated standard specifications or modules that adopt a wide numerical value based on multiples of two. The Modulor can be understood as one of those systems.

But my preference for using the Modulor comes from its fundamental distinctiveness; in other words, its unique origin. It resembles any other module system in its proportional handling, but it originates in the question of what serves towards a human sense of comfort, and its research developed it into fulfilling other conditions such as aesthetically pleasing proportions, rich combinations, and simple relationships. Its most notable difference from other systems of proportion is that the resulting forms are derived from its origin.

The use of module systems generates correlations among the dimensions of individual elements, creating a sense of unification. Moreover, it acts as a safeguard in reducing errors when a number of people are involved in the decision-making process. In that sense, the merits of the Modulor are not unlike other systems, and at times, it may be inferior to some.

However, when we focus on creating forms that bring a sense of comfort, which I believe to be an indispensable condition of an architecture that serves towards well-being, the Modulor is the only system that upholds human comfort as a prerequisite. That is why I use it and that is why I never hesitate to dispense with it when it is not suitable, as discordance does not always bring discomfort.

Design Conditions for the Japan Pavilion
A. Stipulations established by the Venice Biennale council and/or predetermined by local conditions:
   1. The pavilion will be closed to the public except for the exhibition season, which is mid-June to mid-September every other year.
   2. Trees with a diameter 60 cm or more must not be cut down.
   3. Electricity and water supply are not to be provided, and there is no need to install lavatories.
   4. Since construction costs are close to double that of the mainland, in-situ construction is preferable; not only is it hard to mobilize the manpower, even within Italy, Venice has a significantly strong sense of locality.

B. Stipulations established by the Preparatory Committee for the Construction of the Japan Pavilion
   1. The building must be close to 200 square meters in total floor space and the budget is set at approximately 20,000,000 yen.
   2. The pavilion must have 70 meters of wall hanging exhibition space and a simple storage area (for packaging material).

C. Stipulations of the Architectural Design Team
   1. The building should make full use of the varying elevation grades on site, and attempts should be made to harness the natural environment to the extent possible.
   2. The design should not be overly concerned with expressing a "Japanese style."

1. 平面図
Plan Drawing

1:200｜スケッチブック｜1955年頃｜-｜紙、鉛筆｜210×301

2. 外観スケッチ
Exterior Sketch

-｜スケッチブック｜1955年1月5日｜吉阪隆正*｜紙、鉛筆｜210×301

3. 外観スケッチ
Exterior Sketch

-｜スケッチブック｜1955年1月5日｜吉阪隆正*｜紙、鉛筆｜210×301

4. 平面の構想スケッチ
Plan Concept Sketch

1:200｜スケッチブック｜1955年頃｜吉阪隆正*｜紙、鉛筆｜210×301

5. 平面の構想スケッチ
Plan Concept Sketch

1:200｜スケッチブック｜1955年11月16日｜吉阪隆正*｜紙、鉛筆、色鉛筆｜210×301

6. 平面の構想と外観、内観スケッチ
Plan Concept, Exterior and Interior Sketch

1:200｜スケッチブック｜1955年頃｜吉阪隆正*｜紙、鉛筆、色鉛筆｜210×301

7. 平面の構想と外観スケッチ
Plan Concept and Exterior Sketch

1:200｜スケッチブック｜1955年12月28日｜吉阪隆正*｜紙、鉛筆｜210×301

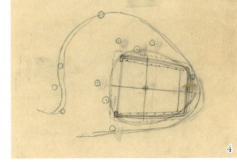

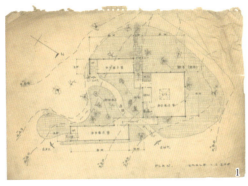

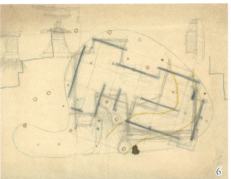

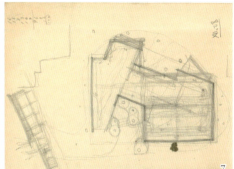

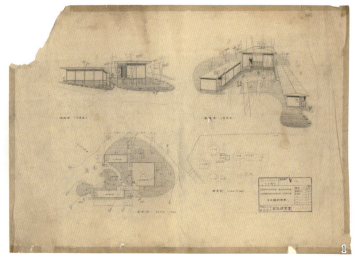
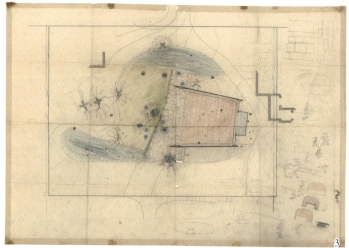
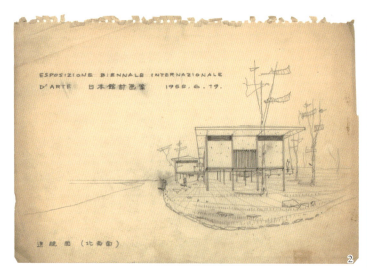
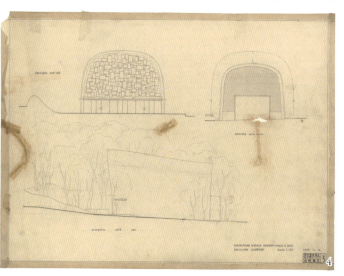

1. 配置図、平面図、透視図
Site Plan, Plan and Perspective Drawings

1:1000、200｜原図｜1955年6月20日｜井原一雄｜トレーシングペーパー、鉛筆、インク｜573×810

2. 透視図
Perspective Drawing

-｜スケッチブック｜1955年6月19日｜-｜トレーシングペーパー、鉛筆｜210×310

3. 平面図
Plan Drawing

1:100｜原図｜1955年頃｜-｜トレーシングペーパー、鉛筆、色鉛筆｜559×809

4. 南東立面図　北西立面図　北東立面図
Southeast, Northwest and Northeast Elevation Drawings

1:100｜原図｜1955年11月19日｜-｜トレーシングペーパー、鉛筆、色鉛筆｜559×809

紆余曲折

・ここ2ページにわたって示されたいくつかのスケッチは、交渉の段階から委員会に提出するまでのさまざまな過程の中から、適当に抜き出し羅列したものである。こうした方法はこれから先もとられるが、あえて選択の理由をしめさないのは、グループ内では言葉少なにしめしうる幅の広い意味も、言葉にすることによりそれが打ち消され、時には誤解をまねくおそれがあるからである。われわれにとって、＜求めているものはこれだ！＞と決めつけることのできるのはいつも形そのものであり、核心でもない言葉が核心にとってかわることがおそろしいからである。

Negotiating the Design

The numerous sketches printed on these pages were randomly selected from among those drawn throughout the design process—from the negotiation stage up until the submission of our proposal to the committee. In line with our policy of not relying on words within our team and letting the images speak for themselves, I do not specify the criterion for this selection with words; words can confine the wider implications of a sketch and may lead to misunderstanding. For us, form is invariably our only reliable solution and we try to avoid situations where words replace the essential core of an idea.

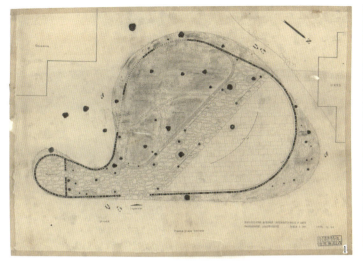
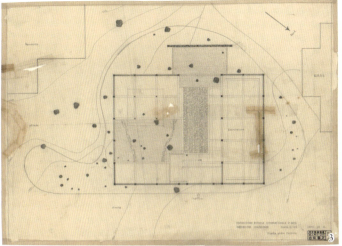
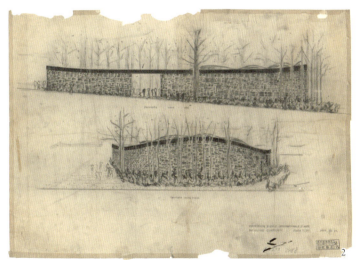
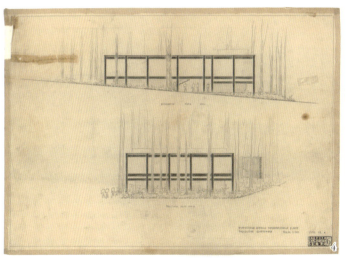

1. 平面図
Plan Drawing

1：100｜原図｜1955年12月20日｜渡邉洋治*｜トレーシングペーパー、鉛筆、インク｜402×565

2. 北東立面図　北西立面図
Northeast and Northwest Elevation Drawings

1：100｜原図｜1955年12月20日｜-｜トレーシングペーパー、鉛筆、インク｜405×575

3. 平面図
Plan Drawing

1：100｜原図｜1955年12月6日｜-｜トレーシングペーパー、鉛筆、インク｜402×568

4. 北東立面図　北西立面図
Northeast and Northwest Elevation Drawings

1：100｜原図｜1955年12月6日｜-｜トレーシングペーパー、鉛筆、インク｜404×570

ジャポニカの要求

　前ページに示されたスケッチは正直にいってそのときは最終的なものと思いこんでいたものだった。しかし、この案に対する施主側の批判は意外にきびしく、もっと＜日本的なものを＞という要求が圧倒的だった。われわれは＜日本的なもの＞ということを意識的にしたならば、造形の上で必ず破たんがくるという気持が強かったのであるが、開期も迫る一方だったし、不本意ながら上の2案を提出することとしたのである。そして、現場の条件を確認したうえで3案の取捨選択をすることとし、一切を吉阪にゆだね、羽田空港に彼を送ったのである。（大竹十一）

Request for a Japonica Style

To be honest, we were convinced that the sketches shown on the previous page would be the final proposal, yet the client's criticism of the plan was unexpectedly severe, and they made a strong plea for something "more Japonica." We were firm in our position that consciously creating a "Japanese style" design would destroy the form, but since the opening was drawing near, we reluctantly added these two proposals (shown above). Our design team decided to make a selection among these three proposals after assessing the site conditions. We entrusted Yosizaka with full authority, and saw him off at Haneda Airport. (Ohtake)

最終案の芽ばえと発展

　こちらがこれぞと思って出した案は、いわば否決された形である。先方の要求である〈日本的〉にまとめたものは、表面は日本の形を取り入れているが、その皮相さのみが感じられて、こちらの気持も確信を生じない。

　八方ふさがりの状態のままクリスマスの夜、私（吉阪）はヴェニスに向かった。飛行機の中にサンタクロースが祝いを述べに来ても、私は眉に八の字をよせてどうしたものかと考えこんでいた。2週間のヴェニス滞在を与えられ、6月開会までの準備に出発させる一切は私にまかされているのだ。無から有を生み出すために、私に残された機会は50時間の飛行機の中だけである。いかに70坪ぐらいの小さな建物、単純な内容のものであるとはいっても、何とも時間が短い感じである。

　飛行機はぐんぐんと太平洋上を南下して行く。それにつれて機体の外が暑くなってゆくのが感じられる。マニラについた。蒸し風呂のようだ。ついさっきまで外套のえりを立てていたのに、ここはアロハシャツを必要とする。この人たちは冬も知らずに年中この暑さの中に生活しているのだろうか。

　寒い日本の気候の中でかじかんでいた私の生理は、ここでそっとゆるめられた。しかしまだ遠慮がちに。私を包んでいる暑い空気に私はまだ慣れていない。そのことは頭や心の中についてもあてはまる。日本でこだわって作っていた案もそっと私から離れはじめた。

　私のまわりに大勢の人間がいる。だがそれは皆私とは何のかかわりもない。日本にいたときはそうではない。私は大勢の中の一人だった。今私はポツンと大勢からはじき出されて、一人である。大勢の中にいたときは、私は大勢の力によりかかっていたことを今になって知った。今、私は一人で、どこにも寄りかかる所はない。ジャングルが切り開かれて、1本だけ取り残された木のように、ヒョロヒョロと立っている。身体のまわりがひどく寒くたよりない。しかしこうしてじっと耐えていると、そのはぎとられた周囲との間に薄皮がしだいにできてくるようにも感じられる。

　卵から出たばかりの新生児が、そっと新しい空気の中で、生活へ順応できるまでを待っているような、そんな気持でマニラの1時間は過ぎた。それからバンコックまでの数時間で、私はすっかり日本の気候から離れた。一切が遠い過去になって日本でのできごと、したことはもう歴史のかなたに、時空ともに私から離れていた。私はややすがすがしい気持でバンコックの熱風の中でジュースを飲んでいた。どうしても決定案を見い出してしまわなければというあの重圧は半分以下に減っていた。旅の楽しさを味わうだけの余裕ができて、まわりにいる女の人たちをスケッチしたりする気にもなった。

　西に向かって飛んでいるせいか、こうして1か所に止まっている間は太陽のスピードが増したみたいに時間の経つのが速い。着陸したときにはまだやっと日の出だと思っていたのに、ジュース1杯を干す間にもすっかり直射の暑さを感じさせるまでになった。30分とは過ぎていないのに、日の出から真昼はどうしてこう速いのだろう。

　だがこの速さは、私の生理や心理の順応の速度にも影響した。まだどうなるかわからないながらも、うつぼつと体の中に力がみなぎってゆくのがわかる。

　カラチを経て、飛行機は真直ぐに西へ、地中海に向かって飛ぶ。青い色はすっかり空に蒸発してしまったような砂漠地帯が続いている。

　そうだ、地中海はこの乾燥した土地の親類だ。何よりまず日よけ。日よけ・ルーバー。天井をルーバーにしたら。もう私はローマへ着くのが待ちどおしくなっていた。

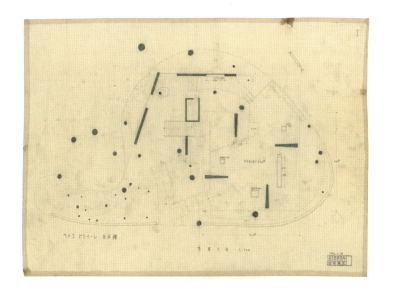
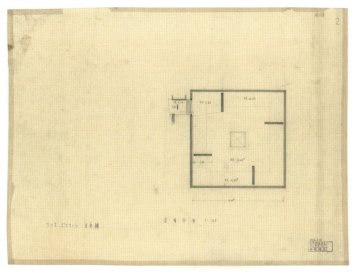

1956年1月　最終基本案
下階平面図
Ground Floor Plan Drawing

1:100｜原図｜1956年1月18日｜-
｜トレーシングペーパー、鉛筆、イ
ンク｜407×560

上階平面図
Upper Floor Plan Drawing

1:100｜原図｜1956年1月18日｜-
｜トレーシングペーパー、鉛筆、イ
ンク｜407×557

Formation and Development of the Final Plan

The plan we had submitted with confidence was more or less rejected, and I could not muster any faith in the alternative plans which felt superficially Japanese. It was Christmas night when I headed off to Venice in such a dead-end state, and I sat brooding over what to do with furrowed brows even while the Santa on board greeted me at my seat.

I was granted a two-week stay in Venice, and everything was entirely up to me in getting preparations off the ground for the June opening. I was left with only 50 hours of flight time to make something of nothing. Regardless of how simple the program for a small 230-square-meter building, the time felt too short.

As the airplane moved steadily south over the Pacific Ocean, I could sense the exterior of the fuselage heating up. Arrival in Manila felt like I was suddenly immersed in a steam bath. A short while ago, I had been wearing an overcoat with my collar standing up, but here, I needed a Hawaiian shirt. I puzzled over the concept that people of that land were actually living in that heat throughout the year without knowing winter.

My physiological constitution that had been numbed in the chilly season of Japan gently abated, yet I remained reserved. I had not become acclimated to the hot air that enveloped me; nor had my mind or heart. I realized that a distance had gradually developed between me and the design we had created in Japan with such meticulous care.

I was surrounded by crowds of people, but I had no connection with anyone of among them. It was not this way in Japan; there, I was one amid a multitude of people. Now that I had become displaced by the crowds of people, I was on my own. It dawned on me that when I was surrounded by the masses, I depended on the collective strength of the group. Alone, there was nowhere to lean on. I became like a solitary tree left standing in a clear-cut jungle; there was no one to rely on and nothing but extreme coldness around me. Yet as I endured it, it felt like a new layer of bark gradually started to envelop me as protection against the desolate environs.

In that hour spent in Manila, I felt like a fresh hatchling that was now quietly waiting in its new environment until it could adapt to life. Within the next several hours of my flight to Bangkok, the air of Japan had been replaced with new air. Events and activities to which I had clung dispersed in space and time. With a sip of fresh juice in the temperate Bangkok air, my mind was refreshed. Pressure to reach the final design was suddenly reduced to half of what it was. The trip then became enjoyable to the point where I loosened up in my skin enough to sketch the female passersby.

Perhaps as my body became acclimated to the westward direction, time seemed to pass so quickly as if the movement of the sun had accelerated. I remember landing when the sun was rising, yet with the time to drink down a single glass of juice, the heat of the direct sunshine became intense. Could it be that the span from sunrise to mid-day had reduced to half an hour?

This rapid lapsing of time also influenced the rate of my physiological and psychological acclimation. Although things were still vague at that point, I sensed an irresistible force pervading my body.

The airplane flew directly west toward the Mediterranean Sea through Karachi, entering the expanse of blue hues that looked as if they had completely absorbed the water from its desert land.

At once, it dawned on me that the climate of the Mediterranean is akin to that of this dry land, and there, sun screening devices were indispensable. It awakened me to the idea of blinds and louvers. Perhaps our ceiling could be replaced by louvers! This revelation made me anxious for my arrival in Rome.

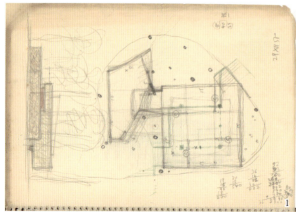
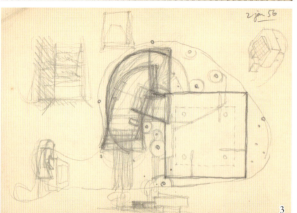

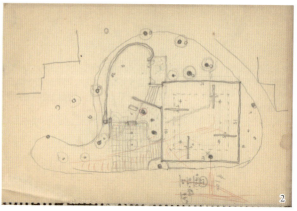

1. 平面の構想と外観スケッチ
Plan Concept and Exterior Sketches

1:200｜スケッチブック｜1955年12月 29日｜吉阪隆正*｜紙、鉛筆、色鉛筆｜210×301

2. 平面の構想
Plan Concept Sketch

1:200｜スケッチブック｜-｜吉阪隆正*｜紙、鉛筆、色鉛筆｜210×301

3. 平面の構想と外観スケッチ
Plan Concept and Exterior Sketches

1:200｜スケッチブック｜1956年1月 2日｜吉阪隆正*｜紙、鉛筆、色鉛筆｜210×301

4. 立面、断面の構想
Elevation and Section Concept Sketches

-｜スケッチブック｜1956年1月 2日｜吉阪隆正*｜紙、鉛筆｜210×301

5. 外観スケッチ
Exterior Sketch

-｜スケッチブック｜-｜吉阪隆正*｜紙、鉛筆、色鉛筆｜210×301

現地から帰国後、年末から年始にかけて案のスタディが重ねられる。1955年12月29日、卍配置の壁柱が現われる。壁面、面積の検討メモ。最終案へと構想が固まるプロセス

構造のスタディスケッチ*
Structural Study Sketch

-｜原図｜1956年頃｜-｜トレーシングペーパー、鉛筆、色鉛筆｜567×819

柱の形状、構造のシステム、水の流れなど、部分と全体のスタディ図面。上部展示室の柱がうるさいという要求から、壁柱を検討した案のスケッチも描かれている

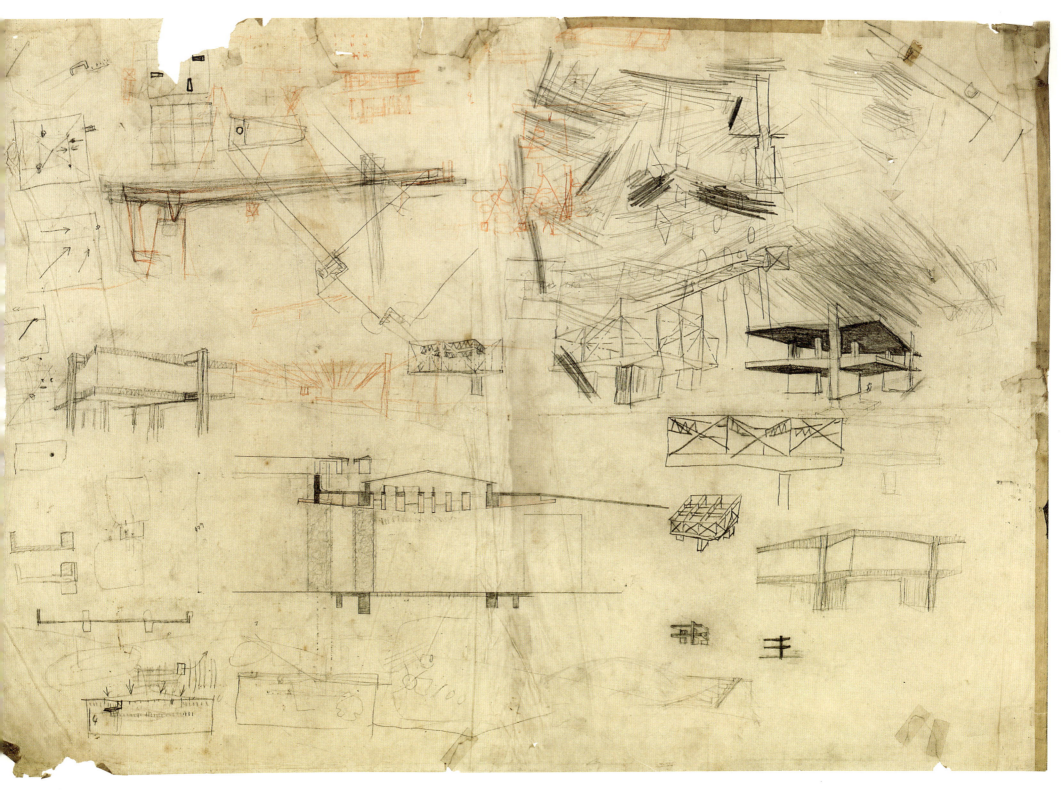

案の決定

　あるアイデアが"これはいけそうだ"という充実した気持をグループの各人にもたらすときは、理屈でなく身体全体で受け止められるときである。そうした充実さがあってはじめて個人のアイデアが、グループのアイデアとして実り多き未来を約束されながら育てられていくのである。この日本館の最終案もそうしたものだった。われわれには確信があった。各人の心の底を縫い通していくに十分な太い強い筋が、ここには直感として感ずることができた。それにはさまざまな理由があるが、その一つはコスト高の点と構造の点で問題にされなかったピロティが、明快なオリジナルな構造を考えつくことによって採りあげられたことである。コストの点は、地震のないイタリアでは思いのほか安価にいきそうなこと、さらに委員会から提出された出品作が、60坪内外の展示スペースではとうていおさまりのつかない量であり、ピロティの具体的な用途としてもちこめたことで、委員のコスト高の意識をなくし、逆にその経済性をさえ強調できるようになったことである。そしてピロティはまた、最初からの願いだった開放的空間と閉鎖的空間の強調を、高低あるせまい敷地の中で、のびのびと無理なく両立させることができ、そのつながり方も自然にさせ、敷地にたいして十分なじませてくれたのだった。

　しかし、このアイデアも前々からの不信が手伝ってか、委員会からかなり問題視された。展示場内の大きな壁柱、上下階を空間的につなごうとした穴……。室内を区切ることについては前からのエスキスにより、幅10m、奥行5〜7mという空間が展示スペースとして快適なこと、中央の穴もまた決してマイナスではないことを図面に示すこともできたのである。われわれの自信をよそに、この案も没にされる瀬戸ぎわまで追いつめられたが、最後までわれわれをがんばらせたものは、われわれの空間に対する確信だった。

Finalizing the Plan

When an idea feels right, it is not through logic, but through the senses of one's entire body. It is only when the concept of one lab member becomes accepted through the consensus of the team that it develops into a promising design. Such was the case for the final plan of the Japan Pavilion; as a team, we held firm conviction in it. In the plan, we felt a strong thread of connection that united us somewhere deep inside.

While the rationale was varied, our confidence primarily came from the structural innovation of a sharply defined and unique pilotis structure that had surprisingly not posed any budgetary and structural difficulties.

In terms of cost, the pilotis worked favorably for several reasons. Firstly, construction fees were much lower than expected; unlike Japan where earthquakes affect structural decisions, Italy did not require any seismic design. Secondly, since the amount of artwork listed by the committee far exceeded the capacity of the exhibition space, the use of the pilotis as an extended display area became a cost-effective solution. Finally, in line with our initial intent, by emphasizing the openness and closedness of the design, the pilotis would smoothly connect the pavilion to the constrained site of varying height levels, and fully integrate it to the site.

By that time, the committee had become leery of our proposals and this plan, too, was deemed as problematic because of the large columns in the exhibition spaces and the opening linking the upper and lower levels. With our earlier sketches, we were able to present that a partitioned 10-meter wide, 5- to 7-meter deep exhibition space was comfortable, and that an opening in the center of the floor would not detract from the design. Despite our confidence, the plan was very close to being rejected, but our unwavering belief in this unique spatial concept encouraged us to fight until we successfully persuaded them.

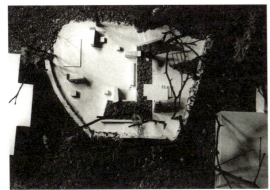

模型写真、上は地上階、中は俯瞰全景、下はアプローチから外観

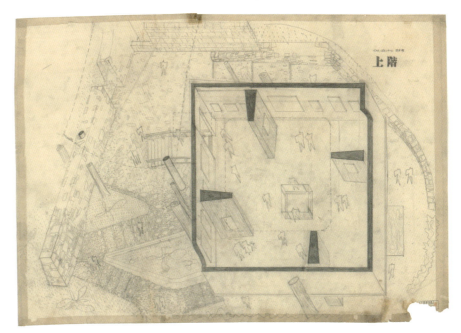

上階アクソメ
Upper Floor Axonometric Drawing

-｜原図｜-｜トレーシングペーパー、鉛筆、インク｜551×802

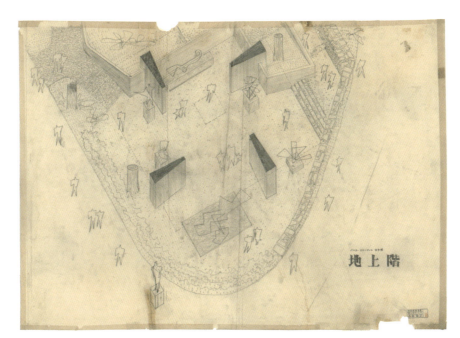

地上階アクソメ
Ground Floor Axonometric Drawing

-｜原図｜-｜トレーシングペーパー、鉛筆、インク｜551×802

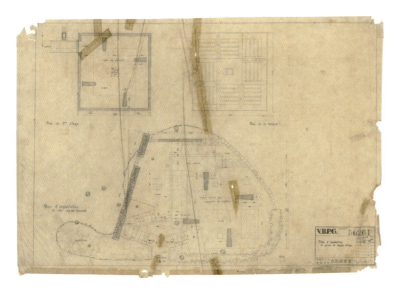

平面図 1階、彫刻展示室、
屋根伏

First Floor Plan, Ground Floor Plan
and Roof Plan Drawings

1:100｜原図｜1956年2月17日｜-｜
トレーシングペーパー、鉛筆、インク
｜529×768

床の目地

床を大理石で仕上げたいという希望は、皆のものでもあったし、私（吉阪）のものでもあった。それには変な先入観が原因していたかもしれない。イタリアでは木材より大理石の方が安いという言葉、それにつられて、どうせイタリアで建てるなら大理石をということからだったようだ、しかし、私が大理石にしたかったのは、箱にすぎない展示場の殺風景さをなくして、ゆっくりと観賞する気になれるような空間をつくりたかったためであり、しかも観賞の邪魔にならずに親しみを与える絵画的あつかいのできるのは、この床だけだからであった。

デザイン上のこの考えは、ルネサンス以来のイタリアのほうぼうのピアッツァが教えてくれたし、サンマルコ寺院をはじめ信者の寄進でつくられていったほうぼうの寺のモザイクの床がそうだった。

ところで、大理石は信者の寄進に用いられるくらい、この国でも貴重品なのである。丸太より安い大理石とは、そこらにころがっている白い石のことなのだ。鉱物学上の分類では正しいが、特にきめこまやかにしたい場所には適さない材料だ。質感のよいものは彼らも宝石として扱っていて高価だ。どんな図柄にするかは、そんなことを知ってからだった。

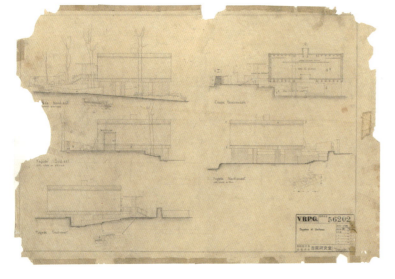

立面図、断面図

Elevation and Section Drawings

1:100｜原図｜1956年2月17日｜-｜
トレーシングペーパー、鉛筆、インク
｜529×768

Working with Marble Tile Flooring

Everyone on the design team, including me, shared the wish for a marble finish on the floors. Reasoning may have initially been contrived since my colleagues believed rumors that marble was cheaper than wood in Italy, and thus deduced that we might as well use marble. But for me, marble was the only solution to offset the monotonous box-like enclosure of the exhibition space, and it was a suitable complementary finish for the leisurely appreciation of the artwork while not detracting from them.

The use of marble flooring was also a reflection of my observations of various Italian post-Renaissance piazzas, as well as in the mosaic floors of temples, such as the Basilica di San Marco, that were built with financial offerings of the worshippers.

The fact that marble had been given as offerings implies that even in Italy, marble was considered valuable. I later discovered that the marble cheaper than logs of wood were indeed marble by mineralogical definition; but those were the white stones one could find scattered about here and there that were unsuitable for detailed finishes. Even to Italians, high quality marble was as precious as gemstone and was costly. Only upon knowing the vast range of marble variety was I able to design the floor pattern.

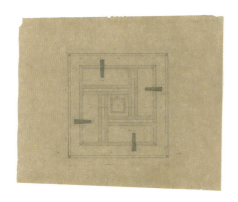

床の目地　平面図
Floor Plan Drawing

1：50｜原図｜-｜-｜トレーシングペーパー、鉛筆｜539×662

床の目地　検討案
Floor Plan Study

1：50｜黒焼｜-｜-｜紙、インク、クレヨン｜406×393

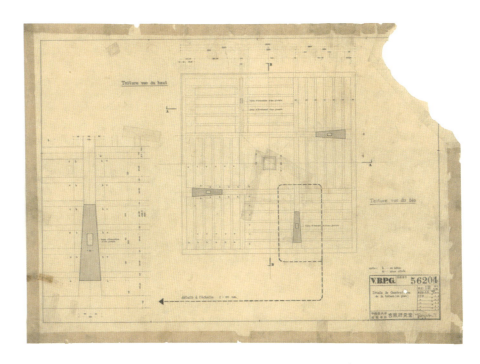

展示室　梁伏図、詳細図
Exhibition Floor Beam Plan and Detail Drawings

1：50, 20｜原図｜1956年2月17日｜大竹十一｜トレーシングペーパー、鉛筆、インク｜567×799

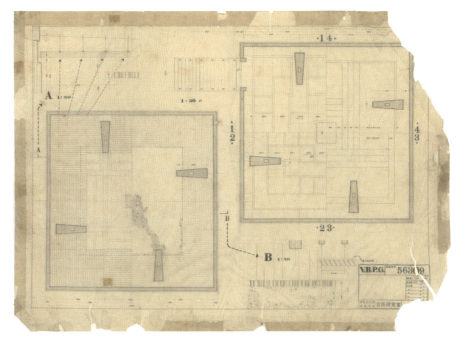

展示室　天井伏図、床伏図
Exhibition Floor Reflected Ceiling Plan and Floor Plan Drawings

1：50, 20｜原図｜1956年3月8日｜大竹十一｜鉛筆、インク、｜573×797

外観スケッチ
Exterior Sketch

- ｜スケッチブック｜1956年3月28日
｜吉阪隆正*｜トレーシングペーパー、
鉛筆、色鉛筆、クレヨン｜207×300

研究室―現場

　研究室において作成された図面によって現地の業者が構造計算を行ない、構造図を作り、それをチェックすることでコンクリート工事がはじめられた。現地が他国という特殊な状況のため、主体工事の肉づけを意味する製図作業の多くは現場でなされた。ここではその順序によって根切りから始まる工事の状況を間にはさみ、あえて図面製作と工事実施とを分けては取り扱わなかった。未熟なものをさらけ出すはずかしさをしのんで、多少わずらわしいが似ている多くの図面を載せたのは、微妙に変化していく寸法（十分表わしきれなかったが）に注意していただきたいためであり、建築ができていく過程を読みとっていただきたいためである。

　設計の時間が十分にあり、現場も近ければ業者に手わたすべき最終図面も設計室で果たすべきだと思う。しかし、三次元の表現のむずかしさから、往々にして現場で多くの図面をかきあげなければならないのが実状であり、また、素材そのものの触覚性から出発して、面の一分一厘を争う寸法の作業には、現場でなければできないという面もある。

On-Site Work

The plans were drafted in our design lab in Japan, and based on these, the local contractor produced structural calculations and created the structural plans; after confirming the details, we began the concrete construction work. Due to the special circumstances of building abroad, most of the drafting work detailing the main frame construction work was accomplished on site. I deliberately did not separate the phases of design and working drawings that were effectively divided by the site excavation that initiated the construction. The reason I present many drawings here that are vexingly similar—including the ones that are embarrassingly immature—is to draw attention to the subtle dimensional changes (although not all shown), and to allow a clearer reading of the process that led up to the actual built work.

Ideally, when time allows and if the site is within commuting distance, architects should finalize the working drawings in the design studio and hand them over to the contractors. Yet in reality, we often have to produce many more drawings on site because of the challenges in three-dimensional expression. Since the properties of materials call for precision in measurement and re-adjustment of dimensions on site, I attempted to express our design process as faithfully as possible by displaying this series of drawings which could not be clearly categorized as either design or working drawings.

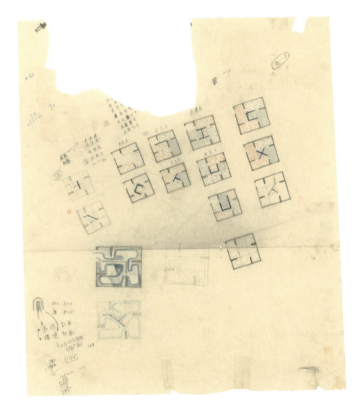

展示方法の検討エスキス
Exhibition System Esquisse Sketches

- | スケッチ | - | 鉛筆、色鉛筆、トレーシングペーパー | 430×370

1人、2人、4人など、作家の人数と展示構成の検討をしている

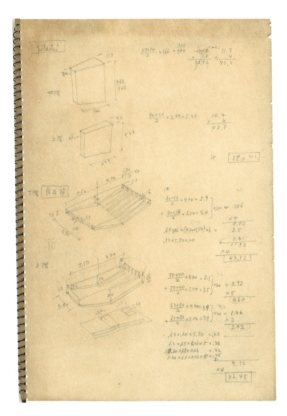

積算資料
Accumulated Data Memo

- | スケッチブック | - | 吉阪隆正* | 鉛筆、紙 | 207×300

現場に入って、吉阪のスケッチブックには材料の数量計算の作業が続く

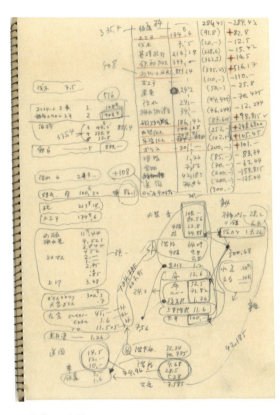

工事費の計算メモ
Construction Cost Calculation Memo

- | スケッチブック | - | 吉阪隆正* | 鉛筆、紙 | 207×300

工事別に材料の数量と人工、工事費の計算書

工事の過程　Building the Pavilion

工事がはじまった　Construction Begins

現場スケッチ、1957年新年の挨拶状　Construction Site Sketch, 1957 New Year's Card

- | 印刷物 | 1956年3月29日 | 吉阪隆正　Tak | インク、紙 | 196×31

上棟式

　サクラメント！オスチア！サンタマドンナ！現場の棟梁がこの声を出したら、またどこかで職人がヘマをしたに違いない。コンクリートの縁から10cm離してれんがをおさめてといったのに8cmにしてしまったとか、仮枠に鋲をかるのを忘れてコンクリートを打ち込み始めてしまったと か……。

　しかし、いままでそうしたこまかなヘマ程度でどうやらおさまってきた。そして、だいたいの骨組ができ上がってきた。今年のヴェニスは、1929年以来というひどい寒さの後をうけて、いつまでも春にならない雨の多い寒い年だった。3月・4月には、ぬれずに作業した日はほとんどないくらいだった。そのたびに、現場の棟梁トニー君は、「サクラメント！」とRの上に特に強く力を入れて、空に向かって叫んでいた。Rが口から出てしまうと、すべての憂鬱が吹き飛んでしまったかのように、彼はまたにこにこして作業を指揮してくれた。　この棟梁のトニー・ジェラルド君の機嫌の良さが、どれだけ灰色の空の下でも職人に明るい光を与えていたことだろう。

　彼はいつも茶色のコールテンの上衣を着ていた。背はあまり高いほうではないが、がっちりした体軀、本年44歳だという。白髪が少し見えるふさふさした髪。ある休日の翌日、彼はこまかい紺ゴバン縞の上下とネクタイをしてやってきた。この日の彼は、堂々たる紳士であった。彼のほがらかな性格、仕事としっかりとやれるという自信と健康、それらを表現するかのような立派な顔は、この服装にちっとも欠けてはいなかった。楽天的で、しかも努力を怠らない彼がいなかったら3か月という短期間にこの工事を完成させることは、むずかしかったのではないかと、今一度、私はあらためて、こういう棟梁にめぐり会えた私の幸福を思う。

　業者のマンティリでは、もう一人エンジニアをつけてくれた。ヴィアネロという30歳の青年である。彼が業者側の現場監督である。イタリアに多いうすい革の先の尖った靴をはいてくる。許婚がヴェニスの向う岸のメストロの町にいるので土曜日の夕方からはそわそわしているけれども、居残りをしても、やるだけのことはやらずにはおさまらない責任感の強い青年である。はじめ彼は、私のために一生懸命にフランス語で話してくれていたが、このころはもっぱらイタリア語で、今では私の語学の先生でもある。ヴェニスではすばらしいということをトゴ（東郷）というのだと教えてくれたのも彼である日本海海戦以来のことだという。イタリアの仕事のことについて良く知らない私は、彼から親切な解説を聞いた。私の出したヒョンな質問から予期しないところに節約の方法のあることを彼が提案することに至ったこともある。ヴェニスにいては、古めかしい仕事ばかりなので、新しいこの工事に参加できたことが、彼はうれしいらしい。私が意図したところを理解する力も実に鋭く、これも良い協力者を得たものだと感謝している。現場では、イタリア側では、この二人の下に、大工の親方のノヴェオ、左官の親方のフランコ、金工関係のかしらのファオラがいる。ノヴェオは背の高い心のやさしい男だ。あまり怒ったのを見たことはないが、途中で職人がどんな間違いをしてもきちんとなおっている。フランコはやせたひょうきんもので、酒がすきらしい。上棟式をやろうといったら一番に日伊の国旗で屋上の飾りをつくることを提案したのも彼である。ファオラは、3人の中で一番インテリの顔をした小柄な男である。機械の知識を持っていて、その扱いも彼のかかりであったためであろうか。

　こんな調子で70〜80人にもなる他の職人のことを書いていったら紙面は足りないだろう。だが、現場へ来てからの仕事は、もっぱらこれらイタリア人の努力によって具体化したといわねばなるまい。（式当日記）

4月、1階床スラブのコンクリート打ち

上棟式、5月7日（月）快晴、5時ガンゼーガ（註　上棟の夕食）39名と祝う

5月、現場での吉阪（中）と大竹（左）、躯体が打ち上がり、外壁の空洞れんがブロックが積み

Ridge-pole Raising Ceremony

"Sacramento!" "Ostia!" "Santa Madonna!" Whenever I heard those curses from the master builder, it was a sign that one of the workers on site had made yet another mistake. It could be that they left only an 8-cm gap between the concrete and brick when the specification was for 10 cm, or that they had started to pour the concrete before trimming the ties in the framework.

Be that as it may, the construction proceeded despite those trivial errors which had invariably found their way to resolution, and the structural framework was nearing completion. Incidentally, that year, Venice was having the greatest cold spell terrible since 1929, and it was a wintry year that rained as if spring would never arrive. In March and April, barely a day went by without being rained on, and when it did, Tony Geraldo, the master builder, would lift his head to the sky and yell out "Sacramento!" rolling his Rs with added emphasis. And as soon as that R came out of his mouth, it was as if all of the misery disappeared, and he would smile and go back to handing out commands. His joviality seemed to have lifted the heavy clouds, shining a bright light on everyone on site.

At the time, Tony was 44 years of age; he was short and robust in stature, was always wearing a brown corduroy jacket, and his bushy hair was speckled with gray. One day, after a holiday, he arrived on site in a smart checkered navy blue suit and a necktie. In fine attire, he appeared as a dignified gentleman. His handsome countenance expressing his gentleness, vigor, and confidence in his work, perfectly matched his attire. Even today, I reflect on the fortuitousness of encountering such an optimistic and dedicated master builder, without whom it would have been difficult to construct the pavilion in the short span of three months.

The contractors, Mantelli, provided us with another man, Vianello, as the site manager. He was a 30-year-old engineer who wore trendy Italian sharp-pointed shoes made of thin leather. He had a strong sense of responsibility and had often put in overtime even on Saturdays, when his restlessness became palpable towards the evening since his fiancée lived in Mestre, a town on the opposite side of the Venetian lagoon. At the start of the construction, he would make an effort to speak to me in French, but as the work proceeded, he switched to full Italian, and now he has become my language teacher.

It was Vianello who taught me that in Venice, if something is impressive, you say "Togo!"; apparently, it's been an expression there since the astonishing conquest of the Russians by the Japanese Imperial Navy Admiral Togo in the Battle of Tsushima. He would also take time to explain how business was handled in Italy. There was also a time when my impulsive questioning lead to his proposal for economizing the construction. He was glad to be working on this project since most work in Venice involved work on old buildings. Vianello had a sharp way of discerning my intentions and so I was grateful for the opportunity to collaborate with someone of his aptitude.

Under the supervision of Tony and Vianello, we had a chief carpenter named Novello, chief plasterer, Franco, and chief metalworker, Faola. Novello was a kind, tall man who rarely lost his temper, but any mistake that cropped up under his supervision was somehow rectified without incident. Franco was a skinny, comical man who liked to drink. It was he who proposed right away that we raise the national flags of Japan and Italy on the roof for the ridge-pole raising ceremony. Faola was a petite man who looked the most intellectual among the three. Perhaps it was because he knew about mechanics, and was in charge of the handling of construction machinery.

If I were to carry on about each of the 70 to 80 carpenters and builders, I would run out of space to write, but what I must say is that the realization of the design was solely due to the efforts of these Italians.
(Excerpt from Yosizaka's writing on the day of the Ridge-pole Ceremony.)

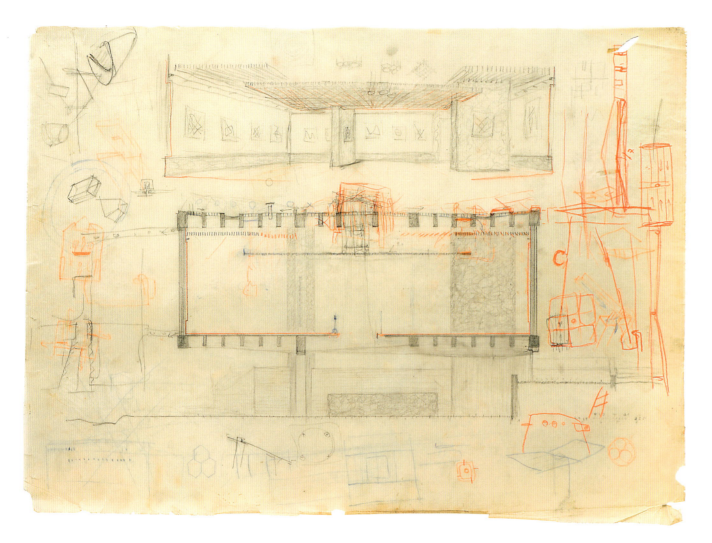

展示室透視図　断面スケッチ*
Exhibition Floor Perspective Drawing and Section Sketch

-｜原図｜-｜吉阪隆正*｜鉛筆、色鉛筆、トレーシングペーパー｜425×587

現場でのエスキス、展示室のトップライト、天井のルーバーのスタディ図面、床の穴を閉じる蓋も検討

矩計図／玄関*
Sectional Detail of Entrance Hall

1:50｜原図｜1984年5月｜大竹十一｜トレーシングペーパー、インク｜623×880

「世界建築設計図集 9」同朋舎出版 1984年 の企画で、大竹十一があらためて描きおこした図面。U研究室では、抽象化された図面に、具体的な空気を吹き込むように、点々を打ち、鉛筆の粉で影をつけ、目地を描く。図面に空気を入れ込む。「きれいな図面といい図面は違う。この決定的な違いがなかなか伝わらない」と大竹は語る。

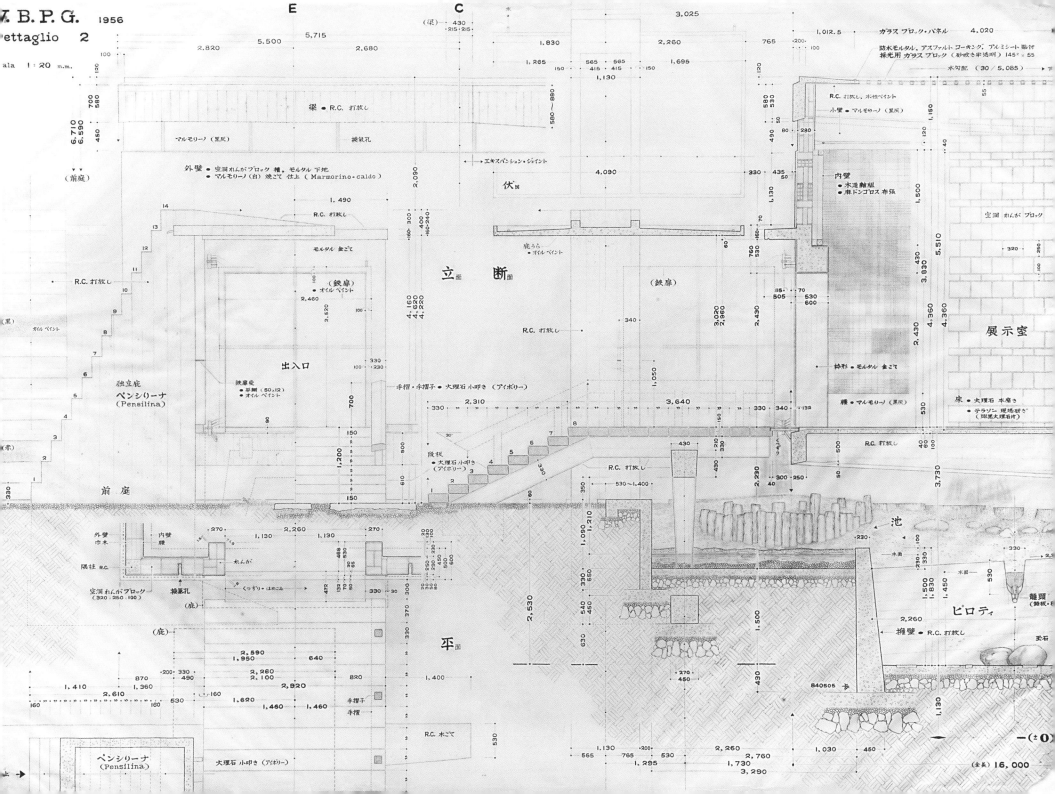

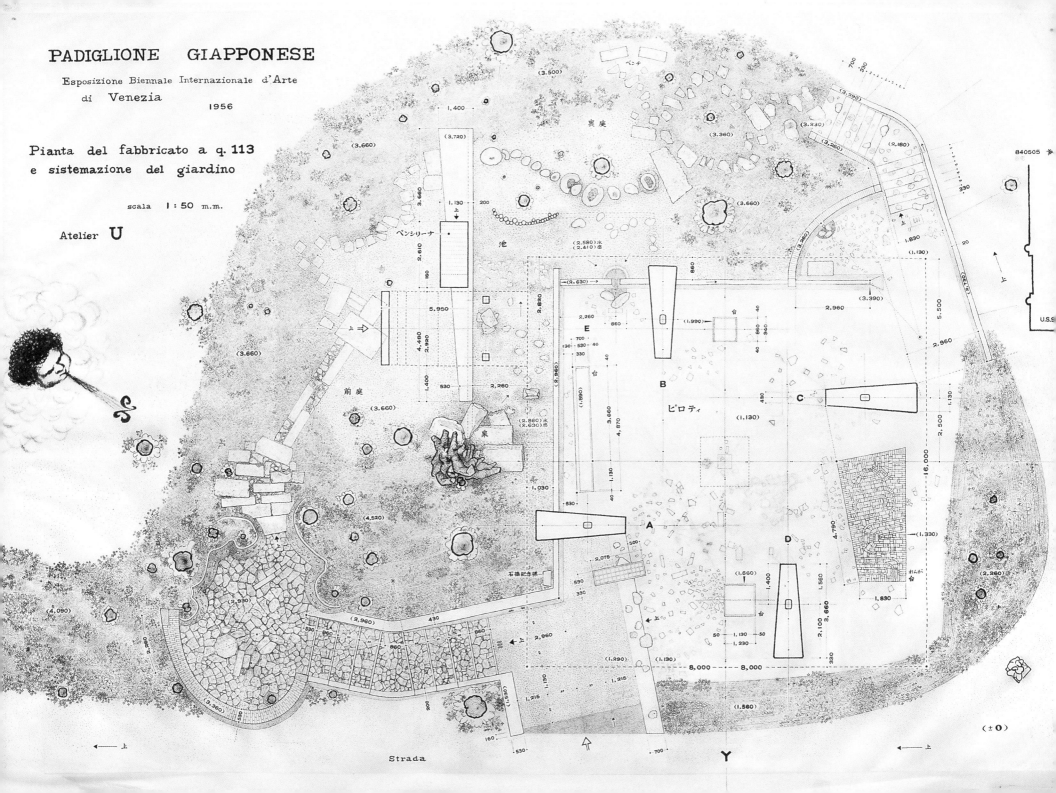

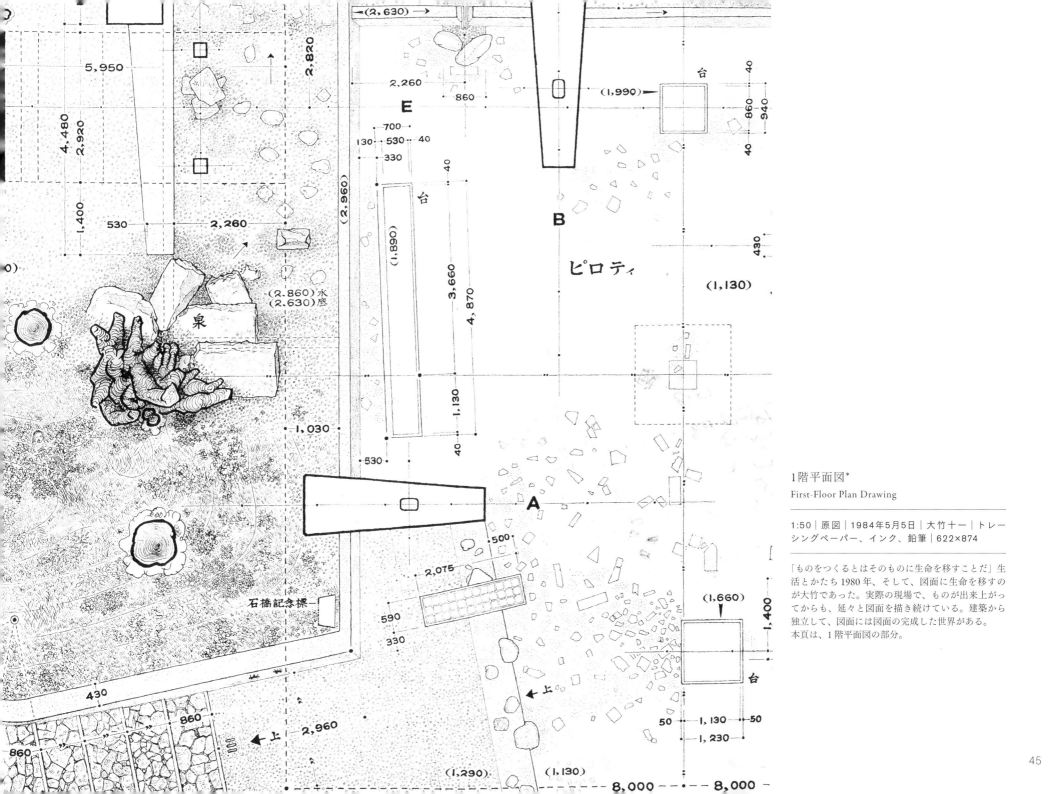

1階平面図*
First-Floor Plan Drawing

1:50｜原図｜1984年5月5日｜大竹十一｜トレーシングペーパー、インク、鉛筆｜622×874

「ものをつくるとはそのものに生命を移すことだ」生活とかたち1980年、そして、図面に生命を移すのが大竹であった。実際の現場で、ものが出来上がってからも、延々と図面を描き続けている。建築から独立して、図面には図面の完成した世界がある。
本頁は、1階平面図の部分。

45

不在の教え―私の吉阪講義録

鈴木　恂

思い出すシーンはたった一つ、それはすべてに代わるもの。

　一つのショッキングなシーンがあるために、それだけが眼底に焼き付いて、前後のストーリー立てが霞んでしまったが、しかし名画として記憶される映画がある。私にとっての吉阪先生の授業の映像は決定的にそれである。まことに一日の授業によって記憶されたことは、いまもって先生の講義のすべてに思えて、それだけが繰り返し鮮明に蘇ってくる。それは1956年の夏休み明けの、まだ残暑でむんむんとする木造校舎の設計室、夕日が沈んで、製図室の壁にスライドが投影され始めたときに始まった。製図の時間の終了したざわめきのなかであったか、または製図の時間を使っての特別講義であったかである。吉阪助教授の帰国報告会、つまりベニス・ビエンナーレ日本館を完成して帰ってきた若き助教授の姿がそこにあった。

　説明はスライドを使った言葉少ないものであったが、自信に充ちた態度が、作品に輝きを添えて雄弁に思えた。スライドレクチャーそのものがまだ珍しい時代に、イタリアで完成したばかりの作品を、それも帰国まもない蝶ネクタイ姿の先生自らが解説するのである。これ以上のお膳立てはない。折しも、日本の建築界は伝統論争のころである。居合わせた学生は、そこに映し出された＜日本的＞なものを吹き飛ばしたようなデザインに敏感に反応したのである。

　スライドも見事であったが、私にとってもっと衝撃だったのは、作品を映し出すスクリーンの横に無造作に貼られた2枚の設計図面であった。その1枚がビエンナーレの配置図で、もう1枚は断面の青写真であった。私が建築図面というものを本当に見たのはそのときが最初である。それは学生が日頃訓練している製図とはまったく違う表現体に映ったのである。いずれにせよ、目の前に、画像と図面があり、先生がいる。この授業空間の興奮はどれほどのものであったか、いまもって言葉にするのは難しい。

　翌日であったか、おそるおそる研究室を訪ね、もう一度その青図を見せてもらうことにする。そして建築の図面がどれほどの表現力をもち、どれほど美しいもので

あるかを納得することになった。

　もちろん先生の授業については、他のシーンが思い出されないではない。たとえば都市計画の講義で、黒板にパリの19世紀の高層アパートの断面をスケッチしたとき、そこに描かれた馬車が妙に活き活きと古きパリの生活をとらえていたこと、とか、集合住宅の課題のとき、思いがけぬところを指摘され褒められたことなどである。実は、後日気のついたことであるが、先生は学生の作品の良さを見出して褒めること以外の批評をしなかった。まあそんなことはあっても、それらすべては、製図室での一シーンにはかなわないのである。

地球のあちこちから、ナマの声が聴こえてきた。

　吉阪先生の授業で覚えていることは事実少ない。ほとんど思い出せないと、幾人かの私の友人もいっているので、一般的にいって思い出すことが出来ない授業であったといわねばならぬ。しかしそれは、教室で受けた講義が決定的に少なかった、または、なかったという事実によるようだ。だから講義としての記憶は、不幸にも、薄いのはいたしかたがないのである。吉阪先生の場合、どのくらい授業をしなかったのかは、どの程度日本に居なかったのかということである。まずその不在の在り方についてここに記しておかねばならないだろう。

　私は1955年から1962年までの7年間を早稲田で過ごした。学部が4年間、大学院が3年間である。その7年の間に先生が日本に居なかったのは、正確には半分の3年半である。その前後を含めると、たぶん学校で授業を正規にもったのは、30％でしかないであろう。そんな長期の不在をもって、学生に何を教えようというのか、教室での講義を思い出せないほうが、まともなのである

　私が1年の暮から2年の秋まで、吉阪先生はビエンナーレ日本館の設計監理のためイタリアに滞在している。後期の初めに帰国して、前述した凱旋講演となる。3年の暮から4年の初めまでは、早稲田大学赤道アフリカ調査隊副隊長としてアフリカ

コンゴ・レオポルドビル文化センター国際設計競技の模型を前に吉阪研究室のメンバー、後列左から、松崎義徳、大竹十一、吉阪隆正、沖田裕生、城内哲彦、前列、山口堅三、鈴木恂、戸沼幸市、滝沢健児 1959年撮影

ヴィラ・クゥクゥ
1957年竣工 1997年撮影＊

横断旅行。帰国後暫くしてブラジルの都市計画会議へ出かけてしまう。したがって、私の卒論はたった2度面接しただけ、それも羽田空港への道中でのご指導ということになり、もちろん卒業設計も指導なしの状態であった。大学院に入って、私は今井兼次研究室から離れて吉阪研究室に潜り込むことになるが、それは珍しくその1年目に先生が日本に居ることがわかったからであった。しかし大学院の2年目に、今度はアラスカ、マッキンリー遠征と北米横断旅行へ出かけてしまう。こうした遠征や調査行の前後数ヵ月間は、隊の編成や準備と雑務でまったく授業にはならないのである。

その大学院2年目に、今度は私が、早稲田大学中米調査隊で半年間のマヤ遺跡の調査へ行くことになり、メキシコから帰国と入れ違いに、今度は先生が2年間のアルゼンチン、ツクマン大学へ出発してしまう有り様であった。したがって、大学院での講義も正式に受けないまま、先生の帰国を待たずに、修士論文を提出し、その直後私は世界一周の旅行に出かけることになる。こう書くと講義の記憶どころではない状況であったことを察していただけるだろう。

しかし、そんな状況のなかでも、あえていえば、学生には先生の世界大の行動が見えていたのである。先生の声が世界の隅々から聴こえてくるような期待がつねにあった。学生はその声に耳をそばだて、先生の行動を逞しく想像していたように思う。

創られていく作品を見て、そして、居ないからこそ学ぼうとした。

このような忙しい動きのなかで、当時40歳の先生は、いや新設の吉阪研究室では、うなるような勢いで設計活動を展開し、作品を創り出し始めていた。やや繁雑になるが、それがどのような作品であったかを説明しておかねばならない。何故なら設計に立ち向かうその姿勢こそが、間接的ではあるが、持続的で具体的な教育であったと思うからである。

私が大学に入った年、1955年は吉阪自邸が完成した年でもある。2年生の時はベニス日本館、浦邸、ヴィラ・クゥクゥを発表。3年生のときは、丸山邸、長崎海星学園、4年生では呉羽中学校、南山中学校を、それも先生が不在のなかで設計している。私が大学院のとき携わった作品には、コンゴ・レオポルドビル国際コンペ、日仏会館、江津市庁舎、涸沢ヒュッテがあるといったように、その設計活動は実にハイペースであった。

学生である私にとって、設計上の最大の経験はなんといってもコンゴ・レオポルドビル国際コンペの設計である。その年に珍しく吉阪先生が丸1年間日本に居て、コンペの設計の陣頭に立ったという貴重な時間とともに、またその作品が世界コンペに入賞するという劇的な思い出とともに忘れられないのである。3度連続してサンパウロ・ビエンナーレ学生コンペで優勝した実績からみても、吉阪教育は、共通の哲学を芯にして、短時間に爆発的に、設計行動を実践するコンペティション形式を有効に利用している。そしてコンゴ・コンペにおける＜不連続統一体＞の理論のように、実践をとおして磨きをかけられ、人々に引き継がれていくのである。

それにしても、かくも長き不在によって、迷惑を蒙ったのは学生ばかりではない。設計活動を支えた研究室のスタッフとて同じであったろう。開き直っていうと、そのとき学生もスタッフも、先生が居ないからこそ学ぼうとしたのであった。学生は設計課題に向かうとき、先生ならどのように指摘するかを考えた。先生の考えを想像することで、想像力が鍛えられたのかも知れない。不在が共通の感覚となることによって、学生たちの横の繋がりが強化され、授業以外の時間をも有効に使う積極性が生まれたのかも知れない。先生と接している時の大事さを自覚できたこと。なかには結果を出して、先生に報告したい欲望を強めた学友もいたほどである。結果として、先生の不在は多くを教えることになり、逆に学生のやる気を高めたように思われる。だから、教室の授業の記憶はないのに、皆が名講義を受けたような気分でいたのであろうか。

すずき・まこと（建築家）

初出 「早稲田建築」2000年／「温故知新」名講義ノート復刻シリーズ04 吉阪隆正

47

断面図

Section Drawing

1:50｜原図｜1957年3月1日｜大竹十一｜トレーシングペーパー、鉛筆｜516×836

建物が完成してから、竣工図として描いた図面。日本館の図面のほとんどが、現地で描かれている。それは、その後の仕事でも変わることはなかった。現場が始まってはじめて、設計が始まると、詳細図や原寸図を描き続け、見積図面の何倍にもなるのが普通である。

1. 外構計画案1　1階平面図

Landscaping Study Sketch 1, Ground-Floor Drawing

-｜原図｜-｜-｜トレーシングペーパー、鉛筆、色鉛筆｜608×814

2. 外構計画案2　1階平面図

Landscaping Study Sketch 2, Ground-Floor Drawing

-｜原図｜1956年5月14日｜吉阪隆正｜トレーシングペーパー、鉛筆、色鉛筆｜360×548

3. 外構計画案3　1階平面図

Landscaping Study Sketch 3, Ground-Floor Drawing

-｜原図｜1956年4月9日｜吉阪隆正｜トレーシングペーパー、鉛筆、色鉛筆、｜584×820

4. 外構計画案4　1階平面図

Landscaping Study Sketch 4, Ground-Floor Drawing

-｜原図｜-｜-｜トレーシングペーパー、鉛筆、色鉛筆、｜584×820

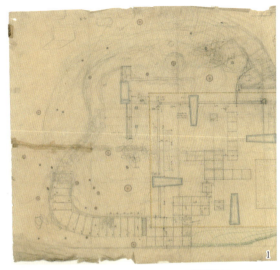
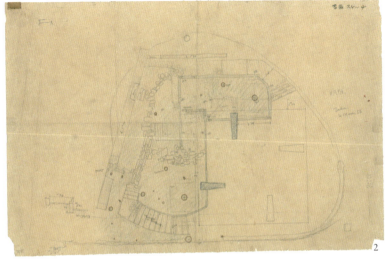
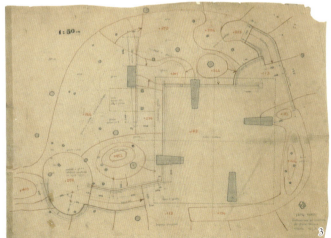
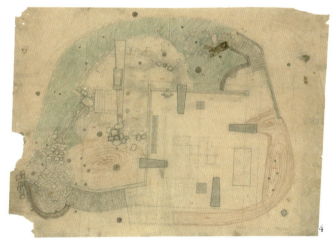

ヴェネチア・ビエンナーレ日本館の60年と改修工事

伊東豊雄　　聞き手　齊藤祐子
　　　　　　撮　影　北田英治

伊東豊雄建築設計
事務所にて＊

2012年建築展「みんなの家」

齊藤　日本館は、1956年に開館して、昨年が60周年でした。2012年の建築展「みんなの家」の展示で金獅子賞を受賞された伊東さんは、翌年、大規模な改修工事を行いました。最初に建築展の展示について、お話を伺いたいと思います。

伊東　2012年の展示はちょうど、震災の翌年だったわけです。2011年の夏に、展示のコミッショナーに立候補しませんかと、審査員の方から言われて、それならば、ぜひ、その前年から始めていた「みんなの家」をテーマにして考えてみたいと。「みんなの家」は前年に、仙台市宮城野区に、最初のものが一軒できていて、その後もつくり続けていきたいと思っていました。たまたま、陸前高田で何かをやろうと考えていた矢先だったので、陸前高田出身の畠山直哉さんにもご相談し、その設計プロセスを、若い3人の建築家、藤本壮介さん、乾久美子さん、平田晃久さんと一緒に展示をすることになりました。何をやっていいかわからないし、とにかく畠山さんの育った土地だからというので、陸前高田の市役所を、まずみんなで訪ねました。11年（2011年）の秋です。そこで市長から、山の方の仮設住宅でがんばっている、菅原みき子さんという人がいるからと紹介されて、菅原さんに相談しました。自分の仮設の中じゃもったいないから、町の人がみんな集まることのできる、もう少し下がった場所の方がいいでしょう、ということで、ご自分がもともと理髪店をやっていて、震災後もう一度小さな小屋を作って息子さんと一緒に始めた土地が広かったので、そこはどうですかということになりました。みんなでアイデア出しが始まったのは、11年の晩秋ぐらいですね。最初は毎週のように集まって、みんなで案を出し合って。がんばってやってくれたのですが、問題は、家を失って、街もなくなってしまったような人たちに対して、どうしたら社会性を備えた、みんなの家を提供できるのか、ということが、なかなか彼らには通じなくて、どうしても作品主義的になるんですよ。仮にこう、屋根がなくちゃいけないかな、というような話があると、屋根って言ったらもう屋根だらけの案を出してきて、それはそれで、全然また違うんじゃないの、とか。それから、瓦礫の中から、木の枝を集めてきて、それで家をつくると言っても、それでは寒い。陸前高田で、そんなものでは全然役に立たないとか、そういうことを繰り返していて、それで、菅原さんにじっくり話を聞きに行こうということになった。寒風吹きすさぶ、真冬のテントの中で菅原さんと話をしたんです。そこで、いくつかのヒントをもらいました。山裾で、塩を浴びて立ち枯れしている杉を使ったらどうですかというのが一つ。もう一つは、けんか七夕という祭りが8月の7日にあって、それが丸太を使った大きな山車を引き回す祭りで、それにみんなヒントを得て、そこから急速にまとまった案に変わっていきました。TOTOのギャラリー・間で帰国展をやったときに、そのプロセスでいくつも模型が展示されたましたが、最初の方を見て頂くともう、苦労の跡がよくおわかり頂けたと思います。

齊藤　そのプロジェクトと並行して、展示することが決まっていたんですよね？

伊東　ええ。この11年の7月に決めて頂いたので、そのプロセスを展示しようということは、みんな覚悟はできてたんですが、ほんとになんかできるの？みたいな感じで疑心暗鬼の中で進んでいきました。それが、面白かったというと言葉に語弊がありますけれど、みえないものを展示するというのは、それなりのスリルもありますし、考える契機にはなりましたね。展示をするという前提がなければそんなに、頻繁には集まって考えなかったでしょう。それで、だいたい翌年12年の2、3月にはほぼ決まって、それに基づいて春から工事が始まりました。その資金は、国際交

2012年 ヴェネチア・ビエンナーレ国際建築展 展示

流基金からの展示のための予算と、中田英寿さんが口をきいて、基本的にニューヨークのファッション関係のグループの人たち、デザイナーがチャリティーで寄付をしたお金がベースになっています。それでなんとか実現できたということですね。

60年間の変化

齊藤 1956年当初の展示は、絵画が前提になっていたので、30号ぐらいの絵画が並べられるような70mの壁面があれば良いと。あとは電気も給水もないので、自然光で展示ができるようにという条件でした。それで、天井にガラスブロックの自然光と、床と天井に穴を開けて、会期がちょうど夏の間で、地中海だとそんなに雨が降らないので、空気を循環する工夫をしました。

70年代になると、ガラスブロックの光とか、床の大理石の模様とか、そんな強い空間の主張が邪魔になるという意見がアーティストからでてきました。吉阪は、「この空間に負けないぐらいの作品を創ってください」と語りました。

80年代になって、展示空間の強い主張を消すことが増えていきました。それが2000年ぐらいからですか、ちょっとアプローチが変わってきて、作家があの建物に刺激を受けながら、あの建物を生かして、展示をしていく姿勢が出てきました。2011年の美術展では、束芋が真ん中の穴を井戸に見立てて、展示をしました。

伊東 僕らはもう、逆に今の美術館とは違った、荒々しさとか力強さを逆に展示のベースにせよと。できれば丸太も何本か持っていってとか、床の中央に開いている穴を通して地上階から立ち上がっている丸太もありましたし、あまりこう、センシティブにならないようにということで、やっていましたから、結構楽しめました。

齊藤 やはり、一つの敷地のような感じで。

伊東 ええ、そうですね、面白かったですよ。

齊藤 絵画の展示スペースだけが要求だった60年前の設計の条件に対して、吉阪はピロティを創って、そこを彫刻展示室として提案しました。それでも竣工してすぐに、展示物の彫刻が大きくなってきて、裏側に彫刻展示室を作れないかという話があって、1961年のスタディ図面が残っていますが、増築はしませんでした。その後、屋根のガラスブロックのメンテナンスが大変だという話があって。80年代だと思います。それだったら、屋根の上にガラスで、もう一つ覆ってしまおうというスタディをしたこともあります。実現はしませんでした。

伊東 そういうことがあったんですね。

齊藤 U研究室と吉阪は、使いながら、つくり続けて、建築が生きることができる。保存されて記念館になってしまうと、建築は死んでしまうと、考えていました。けれど、次の大きな動きは、1996年の、阪神淡路大震災の展示後に、日本側で建て替えの動きが出てきました。

伊東 そうですか。

齊藤 日本では建て替えて、新しいパヴィリオンを作りたいという話がでましたが、イタリアでは、50年も経たない建物を建て替えるということは、まったく考えられないと思います。実際に日本館と同じ頃に、スカルパが設計した木造の仮設のブックショップがありました。今は建て替えられていますが、かなり長い期間使い続けられました。日本の社会の流れで、建て替えの嵐にさらされたり、その後、その場その場の要求で、非常口の穴が空いたり、スロープができたりという状態でした。

展示室内部　床の真中には大理石の手摺がまわっていた　1983年

オリジナルに戻す工事

齊藤　改装の工事を行ったのは展示の翌年ですか。

伊東　ええ、石橋財団の石橋さんから、依頼を頂きました。改修のお話を頂いた時に、一番気になったのはやっぱり、吉阪先生って、早稲田、特にU研ではもう神様みたいな存在だから、僕みたいな人間が、そんな改修をやっていいのかなと大変恐れ多くて、ただその時には、U研もそういうことをされる方もおられないということで、一回U研のどなたかに、話を伺ったような気がしますね。あの、いいんですか？という話を。

その上で、相当ひどい荒っぽい、例えば、雨漏りがするからということで、ガラスブロックの上にいきなりもう防水のシートか、なにかを被せてしまっていて、まったく光が入らないようになっていましたし、スロープもものすごくひどい付け方をしていて、それと一番ショックだったのは、図面を見せて頂いたら、昔の、非常に綺麗な日本庭園があるのを、ぜんぶ土を被せていて。写真がありますけど、(写真を広げ、示して)こういう状態だったんですよ。

齊藤　これは、バリアフリーの考えでしょうか。

伊東　そうだと思います。このスロープを付けるために、庭を全部スロープにしてしまったんでしょうね。これはあまりにひどいということで、たぶん、もう一度掘れば、昔の庭園が出てくるはずだと。そしたら案の定、昔のまま、遺跡が発掘されるように出てきました。それで、これを全部取り去って、非常口を利用して、こちら側の比較的目立たないところにスロープを付け変えて、出来るだけ、オリジナルの形に戻すようにしました。(写真をめくりながら)

それと、一番大きかったのは、さっき仰っていたとおり、屋根。糊付けされていたシートを全部剥がして、それで、一時期構想にあったように、上にポリカーボネートでもうひとつの屋根を浮かせてかけました。中からは、元のガラスブロックがそのまま見えるような形に直しました。それであとは、暗転したいというアーティストの方が多いとうことだったので、ガラスブロックの列ごとに全部、幕を稼働にして、暗転できるような形をとりました。ですから、トップライトのところだけ、上の屋根から塞げば、完全に暗くなるような状態にはなっています。あとは、この内部の床の吹き抜けのまわりも、元の蓋がありました。これも堀ったらほんとに綺麗に、元のまま出てきましたので、その蓋を取り付けて、開閉できるような形にしました。穴のまわりにアクリルの手摺を付けました。それとあと水回りですね、キッチン、トイレを綺麗にしました。

齊藤　最初から、ある程度元に戻していこうというお考えで。

伊東　ええ、もうできるだけ、それは、オリジナルにいかにして近づけるかという。考古学みたいな(笑)

齊藤　すでに60年で発掘みたいな(笑)

伊東　そうなんですよね。いやあ、あまりに酷いことをやっていましたよね。設計の方見られたら、もうほんとに涙が出るぐらい、酷いことだったと思います。

齊藤　何度か行っていますが、床の穴のまわりにあった手摺が外されたりとかは見ていましたが、それほど大きく傷んでいる状態は知りませんでした。2014年の建築展の展示に行った時には、本当に若返ったなという感じがしました。

伊東　そうですか。僕はこのオリジナルの図面 (p 44)を見せて頂いて、特に、この外構の図面に感激しました。ほんとにこれをなんとか、復元したいと思って。今、ほとんど元通りになっていると思います。

台中国家歌劇院
台湾　2017年撮影＊

高雄国家体育場
工事中の景観設計は郭中端
台湾　2008年撮影＊

齊藤　これは、実際に竣工したときの図面ではなくて、84年に大竹十一が描いたものです。これを描く直前に、ビエンナーレに行く機会がありました。大竹から、この石の配置を全部写真に撮ってくるようにと言われて、屋根に登ってとにかく全部の敷石を写して来ました。

伊東　そうなんですね。すごいですね、この図面も。

齊藤　大竹は、吉阪の生涯のパートナーとして、日本館の現場は2人で取り組んだ最初の仕事です。U研でも建物がもう完成しているのに、まだ図面を描いていて現場担当者を困らせました。図面は図面として、完成するまで描き続けました。

伊東　そうですか。なるほど。

齊藤　とにかく図面とか、原寸のディテールとかは、大竹の世界でした。

伊東　なるほど。吉阪邸の図面もすごいですね。あの平面なんか、みんなでコタツ囲んで、麻雀やってるような、なんかわからないですけど、ここまで描くかっていうような、図面ありましたね。（笑）いやあ、もうほんと驚きました。

齊藤　（笑）図面が、物をつくることと、もう一つ独立した意味をもっていました。

伊東　そうなんでしょうね。僕らもいい勉強をさせて頂きました。

ジャポニズムへの抵抗と海外での仕事

齊藤　1950年代半ばは、戦後の占領下から、日本の建築家がどんどん、海外に出ていった時期です。日本館は、吉阪39歳の仕事です。吉阪は、1952年にコルビュジエのところから帰国して、住宅の設計をしていました。日本館の仕事は検討の段階で建設委員会に参加をして、ボリュームの確認。予算をとる検討などを進め、正式に依頼され、設計に取り組みます。けれど、委員会の席で、案はどんどん潰され、一番大きかったのは日本的なものを提案して欲しいという意見でした。それに対して、吉阪は、ジャポニカとよばれる日本様式が一つのブームとして世界に受け入れられていた時期なので、それにものすごく抵抗します。むしろ、ジャポニズムというのは、伝統的な日本の造形を持っていくのではなくて、日本の、文化の中で、今の技術で作っていけば、自然に日本的なものが表現されると主張します。ですから、日本館では、外の庭園がすごく大切で、アプローチからこう、ぐるっと庭をまわって、橋を渡って中に入るという空間の構成が、日本的なものを感じると、海外では評価されています。吉阪はいくつかの案を持ってローマに向かいます。その頃は西回りで日本を離れてだんだん、日本でキュウキュウしていた体も心も解き放たれて、それで、地中海に入っていくと、屋根の、ルーバー屋根のアイデアが浮かんできて、そこで新しい、まったく違う案を提案します。吉阪にとっては、最初の仕事が、イタリアの、海外の仕事だったことが、すごく、恵まれた環境だったと感じています。台湾や海外で仕事をされていて、そんな違いを、今でも感じるところはありますか。

伊東　いやあ、もう、ますますじゃないですか。もう日本はほんとに窮屈というか、酷い状態だと思っています。この間も安藤さん[*1]と二人でちょっと雑談する機会があって、これから日本の若い人はどうするんやろうかと。ほんとにいいコンペティションも少ないし、特に大きなものは我々のようなタイプの建築家に。コンペティションに参加する機会はほんとに少ない。さきゆき暗澹たる気持ちですね。

齊藤　U研究室では、図面が全部できて、現場に入ったときに、さあ、これから設計が始まると言っていました。ですから、現場で考える習慣が身についているので、今は、現場で変えられない法律的な縛りが、ものすごくきつく感じます。

53

ロンシャン礼拝堂
フランス 1997年撮影＊

チャンディガール議事堂
インド 2004年撮影＊

伊東 そうですよね。僕らも菊竹さん*2は、現場に入ってからです。村野さん*3がそうだったから、その伝統で菊竹さんも、もう現場に入ってから、ものを考えるんだっていう。僕らもそういうものだと思っていたところがどっかであるんです。本当に今ね、変更は悪だって言われますからね。そのへん、台湾なんかはまだすごく大らかで、あのオペラハウスなんかは、コンペティションに勝たせてもらった時点では、一応、最初の予算は決まっていましたけど、どういう工法で作るとか、どれぐらいの時間かけて作るなんてことは、何にも決まらない状態でもう、おまえやれみたいな感じですから。結果的には11年かかって、それでも我慢してくれました。そういうことがないと、なかなかほんとに、納得いく建築ってできないですよね。それで、出来上がった建築でも、笑い話なんですけど、前庭に、噴水のある池を作ったんですね。そしたら、もう即、子供がそこをプールがわりに使い始めて、で、そうすると親も一緒になって入って、(笑)それで、プールがわりに使った子供のお母さんが、フロントに行って、「どうしてタオル置いてないの」って言ったっていう。(笑)それぐらい大らかなんです。日本だったらもう、すぐ柵かなんかして、「絶対入っちゃいけません危険です」とかって言われるところですが、そういう、大らかさが、もう今の日本になくなってきています。非常に、精度のいい建築はできますが、楽しい建築はできにくいですね。

齊藤 でもやっぱり建築は、創るのも楽しいし、使うのも楽しくないと。

伊東 そうですよ。あれやっちゃだめ、これやっちゃだめばっかり言われて、もうほんと、最悪ですよ。

齊藤 それが当たり前だと思っていると、その殻はもう破れないですよね。

伊東 そうですね、精度を上げていくともう、ここまで上がったら、またここまで、ここまでっていう、際限なく、1cmの精度で出来てたものが、5mmにしろ3mmにしろ1mmにしろってもう、その先に何があるのって言いたくなるような。そこでこだわってみても、我々にとってそれが楽しい建築でも何でもなくて。ほんとに変な社会になってしまってますね。

1950年代、インドの力から

齊藤 そこを考えると、インドのコルビュジエ*4の仕事なんかが、すごく魅力的に。

伊東 北田さんの、議事堂をあの真下から見た写真見て、僕ね、ほんとに、何としても見に行かなくちゃと思って。それで、行ったら、なっかなか入れてもらえなくて、それで帰れ帰れって言われても、もう座り込みして、もう入れてくれるまで帰らないって言ったら、さすがに向こうが諦めて、管理人のボスの所へ行って交渉してこいって言われて行って、5分だけいいと言われて、入っちゃったらもう、こっちのもんですからね、2時間でも3時間でもぜんぜんもう、何にも。

北田 僕らも守衛、警備が2人、ライフルかなんか持ってついてきて。で、「じゃあもういいかな？」って言われたら最後だと思うんで、どう延ばそうかと（笑）

伊東 そうですよね。でもあの写真見て、コルビュジエも、インドに行って変わったんじゃないかなと思うのです。ヨーロッパの建築も、変わったんじゃないかなと思っていて。ロンシャンにしても、ラ・トゥーレットにしても。同じ頃ですからね。

齊藤 生活が、動物とかみんな一緒になって、暮らしてますからね。

伊東 いやあ、ほんとに、そうです。そうなんですよ。議事堂のね、あの扉に全部、太陽も月も木も人間も、亀やら蛇やらいろんな動物が全部一緒になって描かれているというのは、相当コルビュジエは感動したんだと思いますね。ああいう、ア

*1 安藤忠雄（あんどう　ただお）p53
　　1941年大阪生まれ。独学で建築を学び、69年安藤忠雄建築研究所を設立。作品に光の教会、サントリーミュージアム天保山、フォートワース現代美術館など

*2 菊竹清訓（きくたけ　きよのり　1928〜2011）p54
　　福岡県生まれ。1950年早稲田大学第一理工学部建築学科卒。竹中工務店、村野・森建築設計事務所を経て、53年菊竹研究所設立、後に、菊竹清訓建築設計事務所。作品にスカイハウス、江戸東京博物館、島根県立美術館など

*3 村野藤吾（むらの　とうご1891〜1984）p54
　　佐賀県生まれ。1913年早稲田大学理工学部電気工学科入学、15年建築学科へ転科。卒業後18年渡辺節建築事務所入所。29年村野建築設計事務所開設、後に村野・森建築設計事務所に改称。作品は宇部市渡辺翁記念開館、日生劇場、現目黒区綜合庁舎など

*4 ル・コルビュジエ（1887〜1965）p54
　　スイスで生まれ、フランスで活躍した。サヴォア邸、ユニテ・ダビタシオン、ロンシャン礼拝堂、インド、チャンディガール計画等、日本には国立西洋美術館1959年。

*5 郭中端（Kuo Chung-twan）p55
　　1949年中国福建省生まれ。71年台湾淡江大学建築学科卒業。74〜80年早稲田大学理工学部大学院吉阪研究室。現在、中冶環境造形代表。著書に「中国人の街づくり」「水縁空間」「護土親水」など

ジアの世界に。それはもう、ほんとに素晴らしいと思って。ものすごい勇気をもらいましたよ。インドに行って。あの、近代主義者のコルビュジエでさえ、あんなに、アジアに刺激を受けるんだから、やっぱり我々は、もう一回、アジアの、ダイナミズムとか、流動感とか、そういうのを建築にしなくちゃいけないなと最近すごく思っています。どうしたらそういう建築が出来るかなと。でも日本じゃなかなか難しいので、まあ、アジアの国でね、まだ台湾も元気だし、中国も元気だし、ベトナムなんか、これからでしょうから。行くともう、すごい力をもらいますね。そういうところばっかりがもう好きになって。あとは、メキシコとかね。

北田　伊東さんが設計した、高雄の綜合スポーツスタジアム。あそこの外構を吉阪研に留学していた郭中端さん[*5]たちがやっていて、一緒に見に行きました。

伊東　僕ね、菊竹事務所のときに、吉阪さんと一緒に一回スキーに連れていってもらったことがあって、鈴木恂さんとか、その時に郭さんに初めて会って。ああいう元気な人が、生きていられる社会でないと、駄目ですね。その管理者側もね。オペラ見に来るわけでも何でもなくて、ただ、ぶらぶらぶらぶら、あっちこっち。半日ぐらいは遊べますからね。コルビュジエの、上野の西洋美術館も改めてこの間、世界遺産になった時に見て、ああいう美術館はもう日本に無いですね。なんか、外光も入ってくるし、吹き抜けにも面して、光も明るいとこと暗いとこが極端にあったりして、そういうの結構、僕は好きで。展示の方でそういうことを考えていった方がいいのに、どこも均質に、同じ明るさにして、もう、影が出ないようにというようなことばっかりを言われるから、つまらないですね」

齊藤　人間の能力ってもっと広いのに、全部、幅を狭くしてますね。

伊東　この日本館なんか、こういう柱の配置なんか、今の美術館では絶対しませんよね。これがやっぱり、なんかこっちも、これに負けるかみたいな気持ちになりますから。そこからいろいろなアイデアが出てきますからね。この風車みたいな、こういう回転運動を促進するような空間からすごい元気もらいましたよ。

今は、こんなことやったら、展示できないだろって。仙台のときも、さんざん言われましたからね。こんなもの作るなんてとんでもないって。絵がかけられないだろみたいなことを、罵倒されましたね。でもできちゃったら何にも言いませんからね。

齊藤　闘った経験がないと、なかなか闘えないですよね。

伊東　そうですね。どこまで頑張っても大丈夫かっていうのを。わきまえないといけない。多少はまあ、そういう反対に対して。真っ向からぶつかって喧嘩してても負けてしまうので、どうやって上手く、かわしていけるかを考えるように、なってきましたね（笑）

齊藤　吉阪も、日本館では闘って。でもこの時は幸い、向こうにポンと飛んでいってしまったので、ここで自由に創れたというのがあらわれています。

伊東　ああ、やっぱり、海外に出て。良かったですよ。ジャポニカを作らないで。そういう気構えが伝わってきますね。

齊藤　この機会に、オリジナルに戻すという形で、当時の姿を取り戻し、今後に伝えることができると思います。日本の場合は、使われ方によって、傷んだままだと、結局、建て替えの話に持っていかれてしまうことが、すごく多いと思います。

伊東　そういう意味では石橋さんがよく、修復しようって仰ってくださいましたよね。建てる時もほとんど寄付されたんですね。そういう思いがあったんでしょうね。

2017年9月15日　伊東豊雄建築設計事務所にて。

詳細図　穴の蓋
Detail Drawing of Cover for Floor Aperture

1:1,10｜原図｜1956年5月7日｜大竹十一｜トレーシングペーパー、鉛筆｜475×652

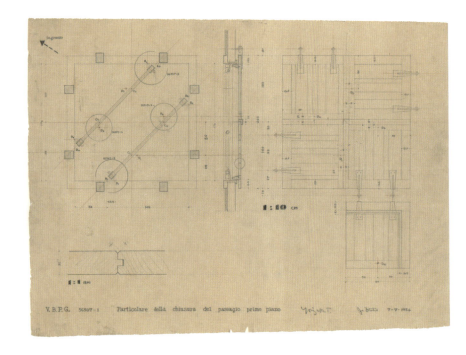

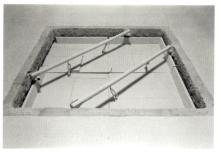

展示室中央に開けた穴の蓋、閉館時は扉を閉めている。写真上は展示室から見下ろす。写真下はピロティから、展示のために蓋を開けた穴から、天井のトップライトを見上げる　1997年撮影＊

原寸図　穴の蓋
Full-Scale Drawing of Cover for Floor Aperture

1:1｜原図｜1956年5月7日｜大竹十一｜トレーシングペーパー、鉛筆｜486×653

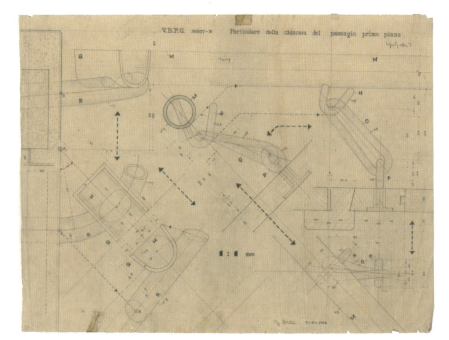

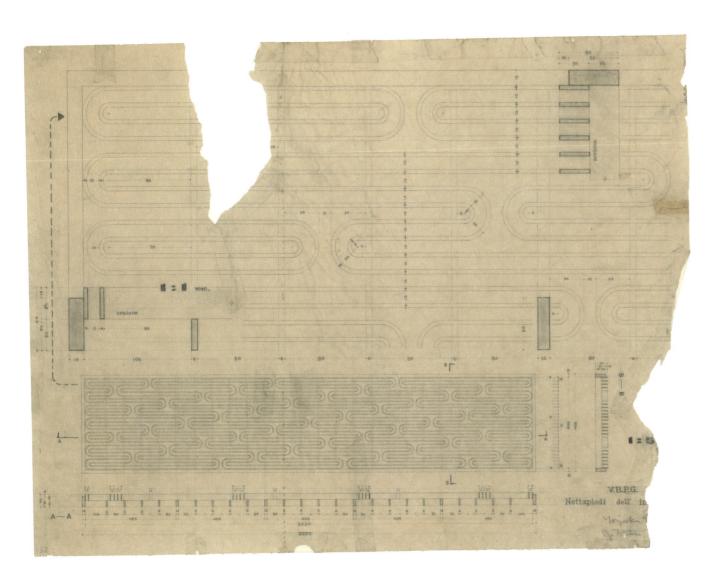

靴拭いのグレーチング　2014年撮影＊

詳細図　靴拭いのグレーチング
Detail Drawing of Shoe Scraper Floor Grating

1：1,5｜原図｜-｜大竹十一｜トレーシングペーパー、鉛筆｜485×648

この靴拭いの図柄のヒントになったものは、菊水文様というよりは、古来からの流線文様だった。漠然と浮かんだアイデアが、形になっていった過程では、基本的な骨組、間隔などを決めるにあたっては、ハイヒールのかかとの大きさとか、偶数割がよいか、奇数にすべきかということが問題になった。鉄製、青灰色さび止。（大竹十一）

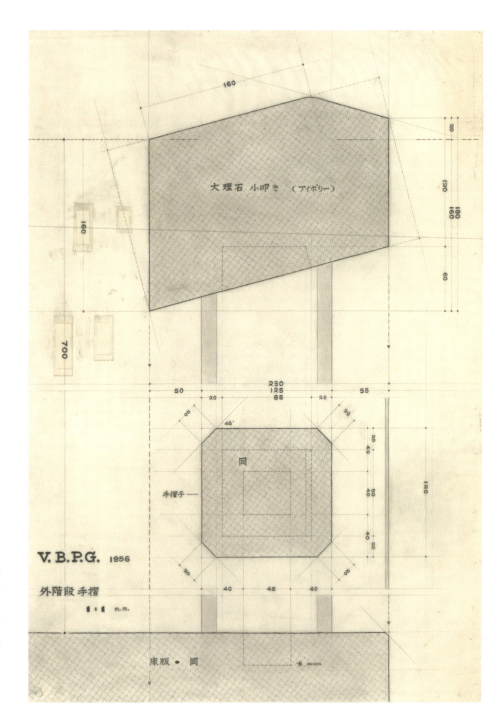

原寸図　エントランス階段手摺
Full-Scale Drawing of Entrance Stair Handrail

1:1｜原図｜1984年12月4日｜大竹十一｜トレーシングペーパー、鉛筆｜623×438

「図面に描かれる一本の線は、実体として描かれていながら、実は虚の世界を表現しているんだ。物と空気の限りなくゼロに近い境を現している」手摺や枠、手に触れる部分は、原寸で考え図面にする。建築は見るだけのものではない、その場所に在る、そして触れるものだ。

展示室エントランスの階段手摺　1997年撮影＊

吉阪隆正　建築家の出発点

齊藤祐子

コンコルド広場にて吉阪隆正　1951年　浦太郎氏撮影

マルセイユ・ユニテ現場にて　1951年8月14日

建築家　吉阪隆正の誕生と出発点

　それは突然のことであったと、吉阪は振り返る。1950年、戦後第一回のフランス政府給費留学生として、渡仏の決定。そして、ル・コルビュジエとの出会い。二年間のコルのアトリエでの設計修行を終えて、帰国した吉阪35歳。そこから、建築家の道が始まった。

　日本ではル・コルビュジエの弟子として、前川國男、坂倉準三、そして、吉阪隆正の三人の名が挙げられる。前川と坂倉は戦前の1930年前後に、コルのアトリエを目指してパリへ向かう。ドミノシステムの提案、近代建築5原則など、理論で建築を語り、〈サヴォア邸〉を世に問う白の時代。

　一方、吉阪は偶然と運命の女神に導かれて、アトリエでキャンバスに向かうコルと出会う。「私の心は動いた。ここには何かがある」と、一瞬のうちに魅了されてしまう。吉阪が33歳で飛び込んだコルのアトリエは、にぎやかだった。戦後、一気に、自由に、情熱的に次々と作品をつくり続ける、色彩豊かな時代である。〈マルセイユ・ユニテ〉の現場は追い込みだ。〈ジャウル邸〉〈ラ・トゥーレット修道院〉〈ロンシャン礼拝堂〉そして、なによりインド、チャンディガールの都市計画が始まった。吉阪は、Takaのサインで図面を描き、モデュロールを使って〈ロブ・ロクの計画〉〈ナント・ユニテ〉などの設計に携わり、〈マルセイユ・ユニテ〉の完成までの現場を担当する。一方で、「コルはインドの計画に夢中である」と吉阪は日記に記している。

　自由な造形の時代の、コルとの出会いがなければ、建築家　吉阪は誕生しなかったと私は考える。そして、晩年のコルの建築作品から、これほど生き生きとした影響を私たちに伝えることもなかったであろう。

　けれど、吉阪隆正は、建築家の肩書きに納まることなく、教育者として、登山家、探検家として、また、文明批評家として社会へと発言を続けていく。建築家として世に出る後押しをした、コルのアトリエでの2年間を突き抜けて、建築家　吉阪の出発点は、幼少時へと遡る。

　第一次世界大戦で疲弊した1920年代、世界平和を願う国際連盟設立のためにスイス、ジュネーブには世界各地から代表が集まっていた。1921年、1929年の二度の渡欧とジュネーブでの生活。国際的な視野で次世代の子どもたちを育てるための学校エコール・アンテルナショナルで、吉阪は成長する。そこでは、「地球全体として人類というものを見させる」ために、国境のない地図を描くデュピイ先生の授業があった。お互いが違った生活、価値観を持っていることを学び、理解し合うことで、はじめて世界平和を達成することができる。そんな中で、価値観や生活が住居の形にあらわれることを学ぶ。建築は世界平和のための相互理解のひとつの手がかりになるのではないかと考え、建築を志す。

　そして、大学時代は、山岳部の活動で一年の三分の一近くを山で過ごし、今和次郎に師事し、農村や民家の調査に、中国大陸、満州や北千島列島へと脚を伸ばす。その後も地球のあらゆる地域へと、実際に、自分自身で見て歩き、「生身で世界を見直せ」と駆け巡る。住まいのかたち、住居学、生活学へと目を向けた。吉阪の建築家としての出発点は、幼少時からの国際人として、そして、登山家、探検家として、住居を原点に地球を見渡す、有形学にあった。

生涯のパートナー、大竹十一と出会う

　〈マルセイユ・ユニテ〉竣工を見届けて、インド経由で帰国した吉阪は、パリで計画を進めていた自邸「実験住居」を世に問う。「大地は万人のもの」、ピロティのあ

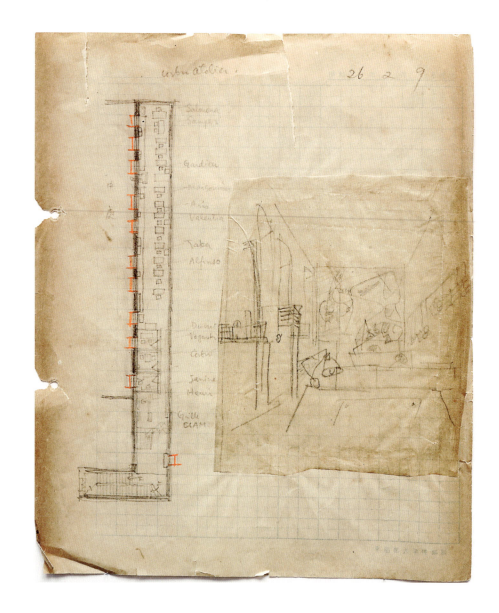

ル・コルビュジエのアトリエ　平面、内観スケッチ
Le Corbusier's Atelier Plan and Interior Sketch

- | スケッチ | 1951年2月9日 | 吉阪隆正* | 紙、トレーシングペーパー、鉛筆、色鉛筆 | 265×217

パリ　ナンジェセル・エ・コリ通り、コルのアトリエ．手前から4つ目がTaka、吉阪の製図台

る、人工土地の住居である。そして、パリ留学時代に、コルの設計した〈スイス学生会館〉を眺めながら、帰国後の住まいの相談をした、数学者〈浦太郎邸〉の設計が始まったのが1954年。当時早稲田大学に戻っていた大竹十一にその仕事を頼む。生涯のパートナーとの出会いであった。

〈浦邸〉の設計を始めた大竹は、最初に200枚以上の間取りのスケッチを描き続ける。吉阪は浦邸について、「設計表現の合理化」と題した、設計論を書いている。木造住宅を建てる大工が、尺棒と板図ですべてを表現するような、設計図はできないだろうかと試みる。そこで、尺棒にあたる、断面寸法の詳細図面と、平面と断面、立面を一枚の図面にまとめた。現場が始まると大竹は、すべての詳細を20分の1、そして1分の1で描く。その図面は100枚以上になった。原寸でとことん形を追求する大竹と出会い、信頼が生まれ、吉阪研究室（1964年にU研究室と改組）の設計活動が始まった。

1955年、設計を任されたのが〈ヴェネチア・ビエンナーレ日本館〉であった。3ヶ月という厳しい工期の中で、ヴェネチアに先に入った吉阪は、大竹の到着を心待ちにする。対外的な交渉を吉阪、現場で図面を描く大竹。二人三脚の、充実した蜜月のような楽しさが、60年後の現在にも伝わってくる。

実はこの年に、日本では南極基地の計画が始まり、早稲田大学も参加していた。吉阪も熱心に、極地の調査をしている。日本館の仕事がなければ、南極の計画へと取り組んでいたはずだ。実際に、ヴェネチアからも、機会をつくって各地を飛び歩き、海外の山事情などを寄稿していた。

けれど、日本館の仕事が、建築家としての道をひらいていく。帰国後は〈浦邸〉の仕上げに取りかかり、ヴェネチア滞在中にパリで購入した照明器具などを取り付けた。〈ヴィラ・クゥクゥ〉の工事も始まる。そして、長崎の〈海星学園〉、富山の〈呉羽中学校〉、お茶の水の〈日仏会館〉〈江津市庁舎〉〈アテネ・フランセ〉と次々と作品を発表する。

浦邸
1995年撮影*

江津市庁舎
1994年撮影*

吉阪のスケッチブック

　この時期に、エスキスを重ねたA4サイズのスケッチブックが残されている。1955年12月から新年の1月にかけて、日本館の平面スケッチ（p.32）が続く、所々に外観のイメージスケッチと面積、概算工事費などのメモがある。12月29日、ここで一気に、四本の柱が、卍に旋回する壁柱へと形を変えていくプロセスを見ることができる。

　一年前の1954年12月から翌年1月へ、日本館初期案のスケッチ（p.27）が描かれ、同じ時期に、浦邸の基本案をまとめたエスキスが残されている。この頃の吉阪にとって、年末から年始にかけて、つかの間の休日が、建築家として設計に集中する貴重な時間であったことが伺える。平面と断面と、面積と建設コストのメモから、寸法を決定し、構造的な組み立てを発見していくプロセスが明解に伝わってくる。

　日本館のスケッチブックでは、材料の積算、工事費の見積り（p.39）と詳細な作業が続く。部分詳細のスケッチ、外観スケッチ（p.38）と、現場作業の過程を辿る資料になっている。

　日本館の設計プロセスと建設の記録は、1959年「建築学大系　39　鉄筋コンクリート造設計例」にまとめられた。前川國男設計の〈福島教育会館〉とあわせて2作品が掲載されている。図面、スケッチとともに、現場日誌と現場写真の詳細な記録である。本書は、「建築学大系」を本文の中心にして、新たな記事と写真をあわせて構成した。

半世紀を越えて、ヴェネチア・ビエンナーレ日本館その後

　「建築学大系」の1970年改訂版では、日本館のその後の変化について触れている。1961年、作品の大型化から、新たに彫刻展示室の増築計画が検討されたが、実際には実現しなかった。1965年には、トップライトのガラスブロックの修理について、打ち合わせる。

　吉阪は改訂版に、「建物が落成してから十数年経った今、いろいろの感慨もあろう。50年後ぐらいにもう一度「その後」を記録することができるだろうか、あるいはこの建物も寿命を終わっているだろうか」と書いている。

　大竹は「建築は一度できたら、100年あり続けるものだ、この一週間、一ヶ月は問題じゃない」と、常に語っていた。現場に持っていく図面も、納得するまで答えを出すことはなかった。

　1995年に〈日仏会館〉が取り壊されることになったとき、「生きているうちに設計した建物の解体に立ち会うとは思わなかった」と大竹。公共的な建物ほど建替えられ、民間の施設や住居は大切に手入れをして使われている。公共性への疑問を強く感じる日本社会である。

　吉阪は、建築は一度に建てるのではなく、使いながらつくり続けるものだと語っていた。そして形を変えても使われることで生き続けていくのが建築であり、まちの姿であると。建替えでも、保存でもない、生きていく建築が暮らしの記録であり、継承である。

　日本館の60年を振り返ると、建替えの危機もあり、その場その場で手を入れた姿は紆余曲折を辿ってきた。そして、半世紀後に再び、日本館の建設を後押しした石橋財団の寄付により、充分な改修工事が行われたことは、なにより幸運であった。吉阪100周年の機会に「その後」の記録をまとめることができた。あらためて、感謝の気持ちを伝えていきたい。

2017年10月　大学セミナー・ハウスにて

ヴェネチアビエンナーレ　国際建築展　日本館実績

回	年	日本館コミッショナー/テーマ/作家
第15回	2016	キュレーター:山名 善之(東京理科大学 理工学部 建築学科 教授) 「en[縁]:アート・オブ・ネクサス」 菱川 勢一(クリエイティブディレクター 映像作家/写真家) 内野 正樹(編集者) 篠原 雅武(大阪大学特任准教授) 出展作家・会場デザイン略歴 ※今回の建築展よりビエンナーレ財団の規則変更によりコミッショナーを国際交流基金が務めることになりました。
第14回	2014	コミッショナー:太田 佳代子(展覧会オーガナイザー、編集者) 「現代建築の倉」 中谷 礼仁(早稲田大学建築学科教授) 山形 浩生(評論家・翻訳家) 小林 恵吾(建築家、早稲田大学建築学科助教) 本橋 仁(早稲田大学建築学科助手)
第13回	2012	コミッショナー:伊東 豊雄(建築家) 「ここに、建築は、可能か」 乾 久美子(建築家)、藤本 壮介(建築家)、平田 晃久(建築家)、畠山 直哉(写真家) *金獅子賞・パビリオン賞(日本館)
第12回	2010	コミッショナー:北山恒(建築家、横浜国立大学大学院/Y-GSA教授) 「TOKYO METABOLIZING」 塚本由晴(建築家、東京工業大学大学院准教授、博士(工学))、西沢立衛(建築家、横浜国立大学大学院/Y-GSA准教授)
第11回	2008	コミッショナー:五十嵐太郎(建築批評家、東北大学准教授) 「EXTREME NATURE: Landscape of Ambiguous Spaces」 石上純也(建築家)、大場秀章(植物学者)
第10回	2006	コミッショナー:藤森 照信(建築家・建築史家・東京大学教授) 「藤森建築と路上観察－誰も知らない日本の建築と都市－」 藤森 照信(同上) 赤瀬川 原平(作家・画家) 南 伸坊(イラストレーター) 松田 哲夫(編集者) 林 丈二(作家) 杉浦 日向子(漫画家・江戸風俗研究者、故人)
第9回	2004	森川嘉一郎 コミッショナー:森川嘉一郎 「OTAKU:人格=空間=都市」 丹下健三(建築家)、海洋堂(造形企画制作)、大嶋優木(原型師)、岡田斗志夫(作家)、斎藤環(精神科医)、開発好明(美術家)、コミックマーケット準備会(代表:米澤嘉博)、よつばスタジオ(デザイン制作)、宣政佑(漫画企画会社代表・漫画コラムニスト、韓国)
第8回	2002	コミッショナー:磯崎新 ディレクター:岡崎乾二郎 「漢字文化圏における建築言語の生成」 岸和郎、小嶋一浩、Yung Ho Chang(中国)、Seung, H-snag(韓国)
第7回	2000	コミッショナー:磯崎新 キュレーター:小池一子 「少女都市」 妹島和世+西沢立衛、津村耕祐、Hellen van Meene、できやよい
第6回	1996	コミッショナー:磯崎新 「亀裂」 石山修武、宮本佳明、宮本隆司 *金獅子賞・パビリオン賞(日本館)
第5回	1991	コミッショナー:川崎清(京都大学教授) 「京都コンサートホール設計競技」 石井和紘、磯崎新、阪田誠造、高松伸、槇文彦

ヴェネチアビエンナーレ 国際美術展 日本館実績

回	年	キュレーター コミッショナー※	出品作家
第57回	2017	鷲田めるろ	岩崎貴宏
第56回	2015	中野仁詞	塩田千春
第55回	2013	蔵屋美香	田中功起
第54回	2011	植松由佳	束芋
第53回	2009	南嶌宏	やなぎみわ
第52回	2007	港千尋	岡部昌生
第51回	2005	笠原美智子	石内都
第50回	2003	長谷川祐子	曾根裕、小谷元彦
第49回	2001	逢坂恵理子	畠山直哉、中村政人、藤本由起夫
第48回	1999	塩田純一	宮島達男、「時の蘇生」柿の木プロジェクト実行委員会
第47回	1997	南條史生	内藤礼
第46回	1995	伊東順二	日比野克彦、河口洋一郎、崔在銀、千住博
第45回	1993	建畠晢	草間彌生
第44回	1990	建畠晢	遠藤利克、村岡三郎
第43回	1988	酒井忠康	戸谷成雄、植松奎二、舟越桂
第42回	1986	酒井忠康	若林奮、眞坂雅文
第41回	1984	たにあらた	伊藤公象、田窪恭治、堀浩哉
第40回	1982	たにあらた	彦坂尚嘉、北山善夫、川俣正
第39回	1980	岡田隆彦	榎倉康二、小清水漸、若林奮
第38回	1978	中原佑介	榎倉康二、菅木志雄
第37回	1976	中原佑介	篠山紀信
第36回	1972	東野芳明	宇佐美圭司、田中信太郎
第35回	1970	東野芳明	荒川修作、関根伸夫
第34回	1968	針生一郎	三木富雄、菅井汲、高松次郎、山口勝弘
第33回	1966	久保貞次郎	オノサト・トシノブ、池田満寿夫、篠田守男、靉嘔
第32回	1964	嘉門安雄	斎藤義重、オノサト・トシノブ、堂本尚郎、豊福知徳
第31回	1962	今泉篤男	江見絹子、川端実、菅井汲、杉全直、向井良吉
第30回	1960	富永惣一	今井俊満、斎藤義重、佐藤敬、山口薫、小野忠弘、豊福知徳、柳原義達、浜口陽三
第29回	1958	瀧口修造	福沢一郎、川端龍子、前田青邨、岡田謙三、木内克、辻晋堂
第28回	1956	石橋正二郎 富永惣一 伊原宇三郎	須田国太郎、脇田和、山口長男、植木茂、山本豊市、棟方志功
第27回	1954	土方定一	坂本繁二郎、岡本太郎
第26回	1952	梅原龍三郎	横山大観、小林古径、鏑木清方、福田平八郎、山本丘人、吉岡堅二、安井曽太郎、徳岡神泉、梅原龍三郎、福沢一郎、川口軌外

※第26回～第49回は、コミッショナー。第50回以降はキュレーター。

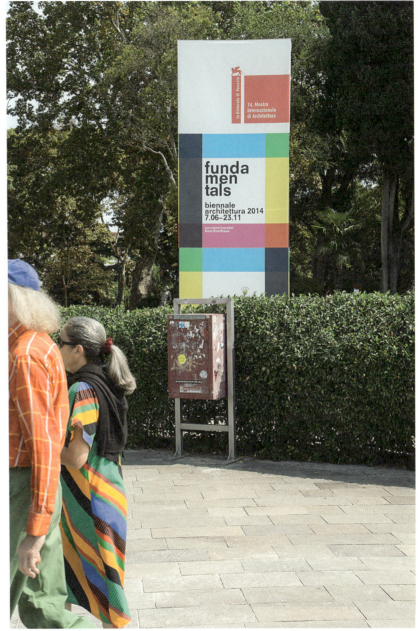

2014年 ビエンナーレ会場＊

写真クレジット

北田英治＊ 表紙、p1、2、4～15、30、42、43、44、45、47右、
50、53、54、56、57、58、61、63
アルキテクト p17、20、21、26、35、41、47左、59、裏表紙
石橋財団 p18
畠山直哉 p51
長谷川正允 p52
瀬脇武 (Echelle-1) p18

Takamasa Yosizaka
Japan Pavilion
La Biennale di Venezia

吉阪隆正＋U 研究室｜ヴェネチア・ビエンナーレ日本館

2017年12月5日　初版第 1 刷発行

構成：齊藤祐子

写真：北田英治

企画・編集：Echelle-1｜下田泰也　杉浦命生

English translation by Norie Lynn Fukuda and Michiyo Shibuya

英訳：福田能梨繪、渋谷径代

デザイン：MAPS｜和田拓朗

発行人：馬場栄一

発行所：株式会社建築資料研究社

〒 171- 0014 東京都豊島区池袋2-38-2 COSMY- I TEL 03-3986-3239

印刷・製本：図書印刷株式会社

©建築資料研究社 2017 Printed in Japan

ISBN 978-4-86358-530-0

本書の複製・複写・無断転載を禁じます。

万一、落丁・乱丁の場合はお取り替えいたします。

吉阪　隆正（よしざかたかまさ 1917 ～ 1980）

1917年　東京都小石川に生まれ、スイスで幼年時代の教育を受けて育つ

1941年　早稲田大学建築学科卒業

今和次郎に師事し、民家、農村の調査、住居学から「生活とかたち―有形学」を提唱

1950年から 2 年間パリのル・コルビュジエのアトリエに学び、帰国後 54 年　吉阪研究室（64年に U 研究室と改組）を創設し、社会に問う建築を設計した

早稲田大学理工学部教授、日本建築学会長、生活学会長、日本山岳会理事など

1980年　63 歳で逝去

建築家にとどまらない活動は、教育者、探検家、ヒマラヤ K2 をめざす登山家、文明批評家として多数の著書を著す

主な作品に、吉阪自邸、浦邸、ヴィラ・クゥクゥ、江津市庁舎、アテネ・フランセ、大学セミナーハウスなど

著者は「吉阪隆正集　全 17 巻」「乾燥なめくじ　生い立ちの記」「生活とかたち―有形学」ほか

参考図書「好きなことはやらずにはいられない―吉阪隆正との対話」「吉阪隆正の迷宮」「DISCONT 不連続統一体」ほか

石橋正二郎（いしばし　しょうじろう 1889 ～ 1976）

1889年、福岡県久留米市生まれ。17 歳のとき家業の仕立物屋を継ぎ、地下足袋の創製やゴム靴の製造を通じて全国的な企業へと拡大。1931 年にはブリッヂストンタイヤ株式会社（現・株式会社ブリヂストン）を創業し、自動車タイヤの国産化に成功して、同社を、日本を代表する企業へと発展させた。

一方で、若年の頃から数々の文化事業に取り組み、九州医学専門学校（現・久留米大学）の設立支援（1928）、ブリヂストン美術館の創設（1952）、石橋文化センターの建設寄贈（1956）、ヴェネツィア・ビエンナーレ日本館の建設寄贈（1956）、東京国立近代美術館の新築寄贈（1969）のほか、石橋財団を創設（1956）し、数多くの寄付活動を行った。

石橋正二郎に「世の人々の楽しみと幸福の為に」という言葉がある。この言葉には、企業経営と文化事業を通じて社会に貢献した正二郎の、生涯にわたる強い想いが表れている。

大竹十一（おおたけ　じゅういち 1921 ～ 2005）

吉阪研究室（64年に U 研究室に改称）の創設メンバー、生涯、吉阪のパートナーとして設計を続けた。

1945年早稲田大学理工学部建築学科卒業後、佐藤綜合設計事務所、梓建築事務所を経て、1952 年早稲田大学で武基雄研究室、

1954年浦邸の設計で吉阪と協働、滝沢健児、城内哲彦、松崎義徳とともに吉阪研究室設立。

鈴木　恂（すずき　まこと）

1935年北海道生まれ。1959 年早稲田大学第一理工学部建築学科卒業。1959 ～ 62年同大学院で吉阪研究室において、日仏会館、吉阪家の墓、江津市庁舎など設計に参加。

1964年鈴木恂建築研究所設立。1980 年より早稲田大学教授、早稲田大学芸術学校教授、現在、早稲田大学名誉教授。

作品に GA ギャラリー、スタジオ・エビス、早稲田大学理工綜合研究センターほか

伊東豊雄

1941年京城市（現ソウル市）生まれ

1965年東京大学工学部建築学科卒業

1965 ～ 69年菊竹清訓建築設計事務所勤務

1971年アーバンロボット設立、79 年伊東豊雄建築設計事務所に改称

作品に台中国家歌劇院、今治市伊東豊雄建築ミュージアム、せんだいメディアテークなど

北田英治（きただ えいじ）

1950年　鳥取県生まれ

1970年東京写真短期大学（現東京工芸大学）技術科卒業

書籍に『サレジオ』『ル・コルビュジエのインド』『別冊太陽・世界遺産石見銀山』『ベーハ小屋』『DISCONT：不連続統一体』『吉阪隆正の迷宮』『象設計集団：空間に恋して』『ラコリーナ近江八幡』『鉄楽』など。写真展「精霊の杜・アカ族のいとなみ」「フォトインベントリー・東アジア」「東京エッジ」など多数。早稲田奉仕園「北田英治の写真講座」講師、「ぐるぐるつくる大学セミナー・ハウス」実行委員、「甲馬サロン」実行委員。

齊藤祐子（さいとうゆうこ）

1954年　埼玉県浦和市（現さいたま市）に生まれる

1977年早稲田大学理工学部建築学科卒業後、U 研究室入室

1985年　七月工房、1989 年　空間工房 101 を共同で設立

1995年　サイト　一級建築士事務所代表

早稲田大学芸術学校、武蔵野美術大学、前橋工科大学講師「神楽坂建築塾」事務局「ぐるぐるつくる大学セミナー・ハウス」実行委員。「アルキテクト」事務局として、吉阪隆正の関連書籍の編集、展覧会の企画協力などの活動をおこなう。

著書に『吉阪隆正の方法・浦邸 1956』『建築のしくみ』『集まって住む終の住処』など

関連書籍

・『空間を生きた。「神奈川県立近代美術館 鎌倉」の建築 1951-2016』建築資料研究社、2015

・『国立西洋美術館 - ル・コルビュジエの無限成長美術館 -』Echelle-1、2016

・『吉阪隆正｜大学セミナーハウス（MODERN MOVEMENT）』建築資料研究社、2016